W0393087

ROYAL HORTICULTURAL SOCIETY
DK GARTENTIPPS

GEHÖLZE

RICHTIG SCHNEIDEN

ROYAL HORTICULTURAL SOCIETY
DK GARTENTIPPS

GEHÖLZE RICHTIG SCHNEIDEN

LIN HAWTHORNE

DORLING KINDERSLEY

DORLING KINDERSLEY
London, New York, Melbourne, München und Delhi

REIHENBETREUUNG Helen Fewster
REIHENBILDBETREUUNG Ursula Dawson
PROJEKTBETREUUNG Lin Hawthorne
BILDBETREUUNG Martin Hendry
HERSTELLUNG Mandy Inness
CHEFLEKTORAT Anna Kruger
CHEFBILDLEKTORAT Lee Griffiths
DTP-DESIGN Louise Waller

Für die deutsche Ausgabe:
PROGRAMMLEITUNG Monika Schlitzer
HERSTELLUNGSLEITUNG Dorothee Whittaker
PROJEKTBETREUUNG Regina Franke
HERSTELLUNG Gerd Wiechcinski
COVERGESTALTUNG Jan Riemer, Klaus Meyer, München

Bibliografische Information der Deutschen Bibliothek
Die Deutsche Bibliothek verzeichnet diese Publikation
in der Deutschen Nationalbibliografie;
detaillierte bibliografische Daten sind im Internet über http://dnb.ddb.de abrufbar

Titel der englischen Originalausgabe:
RHS Practical Guides: Pruning and Training

© Dorling Kindersley Limited, London, 2003
Ein Unternehmen der Penguin-Gruppe

© der deutschsprachigen Ausgabe by
Dorling Kindersley Verlag GmbH, Starnberg, 2003, 2006
Alle deutschsprachigen Rechte vorbehalten

ÜBERSETZUNG Barbara Kiesewetter
REDAKTION Christa Söhl

ISBN 3-8310-0826-4

Printed and bound in Singapore by Star Standard Industries

Besuchen Sie uns im Internet
www.dk.com

Hinweis
Die Informationen und Ratschläge in diesem Buch sind von den Autoren und vom Verlag sorgfältig erwogen und geprüft, dennoch kann eine Garantie nicht übernommen werden. Eine Haftung der Autoren bzw. des Verlags und seiner Beauftragten für Personen-, Sach- und Vermögensschäden ist ausgeschlossen.

INHALT

SCHNEIDEN UND ERZIEHEN *6*

Warum man schneidet. Wie Sie den Wuchs verbessern, die Gesundheit fördern sowie Ertrag und Blütenbildung steigern können. Wie man richtig schneidet und für jeden Zweck die besten Werkzeuge und die beste Ausrüstung verwendet.

ZIERBÄUME *18*

Das Ziel des Schneidens. Junge Bäume auswählen und erziehen. Bäume pflegen. Kappen und entwipfeln. Nadelgehölze.

ZIERSTRÄUCHER *34*

Sträucher auswählen und zum richtigen Zeitpunkt richtig erziehen, schneiden und verjüngen. Topiary und Hecken.

ROSEN *54*

Warum, wie und wann man Rosen schneidet. Wie man die verschiedenen Rosenklassen erzieht und pflegt. Verjüngung. Schneiden und erziehen an Kletterhilfen.

KLETTERPFLANZEN UND STRÄUCHER *66*

Warum, wie und wann man Kletterpflanzen erzieht, schneidet und aufbindet. Kletterpflanzen und Sträucher an Mauern schneiden und erziehen. Wie man *Pyracantha*, Jasmin, *Clematis* und *Wisteria* schneidet.

Register *78*
Dank *80*

SCHNEIDEN UND ERZIEHEN

WARUM MAN SCHNEIDET

SCHNEIDEN UND ERZIEHEN soll die Pflanzen so kräftig und gesund wie möglich machen, das Risiko von Krankheiten herabsetzen und dafür sorgen, dass sie frei von schwachen Trieben sind. Darüber hinaus können Sie die Wirkung der Pflanzen betonen, da dekorative Elemente wie Borke, Blüten, Blätter und Früchte hervorgehoben werden. Jeder Schnitt bedeutet aber auch Stress, deshalb ist es wichtig, sich über die Folgen des Schnitts im Klaren zu sein.

FORM UND WIRKUNG BEWAHREN

Ein guter Grund für das Schneiden ist es, ein gesundes, wohl geformtes Exemplar zu bekommen, dessen schmückende Eigenschaften gut zur Geltung kommen. So wachsen z. B. viele Bäume von Natur aus einstämmig, und die Äste sind gleichmäßig am Stamm verteilt. Viele Bäume müssen nur wenig geschnitten werden, damit sie ihre natürliche Form bewahren; entwickeln sie jedoch zwei Leittriebe, muss man das rasch beheben, wenn der Baum auch im Alter gesund bleiben soll (*siehe S. 27*). Manche Gehölze werden in erster Linie wegen ihres panaschierten Laubs gepflanzt. Hier kommt es manchmal zu rein grünen Rückmutationen (*siehe S. 39*). Auf eine solche Erscheinung muss man schnell reagieren, um die panaschierte Form zu erhalten.

GUTE PARTNER
Um eine gute Kombination zu pflanzen, muss man wissen, wie und wann man beide Pflanzen schneiden muss. Hier rankt sich die bekannte Clematis *'Nelly Moser' um* Rosa *'Dublin Bay'*.

◄ DER BERGAHORN (*Acer pseudoplatanus* 'Brilliantissimum') *hat eine wundervoll geformte Krone.*

Schneiden hält gesund

Zur Gesunderhaltung der Pflanzen dient ein Schnitt dann, wenn man tote, beschädigte oder kranke Triebe entfernt. Die meisten Pflanzen können bis zu einem gewissen Maß verhindern, dass sich Krankheiten ausbreiten. Ziel des Schnitts sollte es sein, die Gesundheit wieder ganz herzustellen.

Totes Holz wird entfernt, weil sich in ihm Krankheitserreger halten und gesundes Gewebe infiziert werden kann. Das Risiko, dass krank machende Keime in die Wunden eindringen, sinkt. Ist das Gewebe bereits befallen, verhindert ein Rückschnitt, dass sich die Krankheit ausbreitet.

BESCHÄDIGTER ZWEIG
Abgebrochene Äste mit ausgefranstem Gewebe und eingerissener Borke bieten Krankheiten beste Bedingungen. Sie müssen sofort behandelt werden.

TOTES GEWEBE
Pilzkrankheiten dringen in totes Gewebe ein und breiten sich aus. Nach dem Entfernen schließt man Lücken durch Umwickeln des Lochs mit lebenden Trieben.

KRANKES HOLZ
Entfernt man krankes Gewebe sauber und glatt mit scharfem Werkzeug, entsteht nur eine kleine Wunde, die gewöhnlich schnell von selbst verheilt.

FROSTSCHÄDEN

Bevor man Gewebe mit Frostschäden zurückschneidet, wartet man besser, bis keine Frostgefahr mehr besteht.

◀ IM KEIM ERSTICKEN
Warten Sie nicht bis zum Schnitttermin, um totes, krankes oder verletztes Gewebe zu entfernen. Schnelles Handeln verhindert größere Schäden.

Schnitt und Erziehung fördern den Ertrag

Zieht man Pflanzen an einer Kletterhilfe, bereichert man den Garten zum einen mit einer nützlichen und dekorativen vertikalen Komponente und bringt zum anderen die Pflanzen gut zur Geltung. Vielfach kann man dadurch auch den Ertrag steigern. Wenn man Äste waagerecht zieht, bricht man die Dominanz der Leittriebe und regt die Bildung von Seitenästen an (*siehe S. 10–11*). Bei vielen Pflanzen, vor allem solchen aus der Familie der Rosen, wie z.B. den Rosen selbst sowie Zierquitte (*Chaenomeles*), Zwergmispel (*Cotoneaster*) und Feuerdorn (*Pyracanthus*), bilden Seitentriebe mehr Blüten und Früchte.

AN EINER WAND GEZOGENER FEUERDORN
Die natürlich gebogenen Äste des Feuerdorns lassen sich besonders gut waagerecht ziehen. Sie treiben dadurch viel üppiger aus.

Schnitt regt die Blüte an

Durch Schnitt nehmen Größe oder Anzahl der Blüten zu, und oft ist die dekorativste Form auch die zweckmäßigste. Das bedeutet ganz einfach, dass das Herausschneiden des alten Holzes das Wachstum neuer, starker Triebe anregt, die im Überfluss Blüten ansetzen (*siehe S. 41–42*). Das Kappen der Triebspitzen (*siehe rechts*) ist etwas komplizierter: Das Einkürzen der Seitentriebe führt oft zur Bildung von Blütenknospen an so genannten Blütentrieben.

Nicht geschnittene Seitentriebe tragen nur wenige Blüten.

Seitentriebe werden auf 2–3 Knospen zurückgeschnitten.

SEITENTRIEBE KAPPEN
Kappt man die Triebspitzen auf zwei bis drei Knospen, regt dies reiche Blütenbildung an.

Dekorative Effekte

Manche Schnitt- und Erziehungsmethoden dienen rein dekorativen Zwecken. Topiary wurde lange genutzt wurde, um Pflanzen eine formale, geometrische oder ungewöhnliche Form zu geben. Das Ausbrechen regt buschiges Wachstum an und kann verwendet werden, um auffällige Blätter und Blüten zur Schau zu stellen. Manche Pflanzen reagieren auf starken Schnitt, indem sie größere und farbenprächtigere Blätter bilden.

BESONDERE EFFEKTE

Für Topiary: Lorbeer (*Laurus nobilis*), *Buxus sempervirens*, Echte Zypresse, Stechpalme (*Ilex aquifolium, I. crenata*), Duftblüte (*Osmanthus*), Liguster (*Ligustrum sp.*)
Zum Ausbrechen: Argyranthemum, Margerite, Fuchsie, Strohblume (*Helichrysum petiolare*), Pelargonie, Buntnessel (*Solenostemon*)
Für große Blätter: Eschen-Ahorn *(Acer negundo* 'Flamingo'*)*, Trompetenbaum *(Catalpa bignonioides)*, Perückenstrauch *(Cotinus coggygria)*, *Eucalyptus*, Holunder *(Sambucus)*.

Bei jedem Herausbrechen einer Triebspitze verzweigt sich der Ast. So wird der Wuchs dichter und kompakter.

AUSBRECHEN
*Die dichte Kugel der Buntnessel (*Solenostemon*) entstand durch wiederholtes Ausbrechen der Triebspitzen mit Daumen und Zeigefinger.*

▶ TOPIARY-FORMEN
Diese Spirale entstand durch mäßiges, aber regelmäßiges Schneiden und behält so auch ihre Form. Für Topiary geeignet sind Pflanzen mit dichtem Wuchs und weichen Trieben.

Die Triebe können in einer Saison 2,5 m wachsen, dadurch wird die Pflanze zu einem echten Blickpunkt.

Die weichen, flaumig behaarten Blätter werden immer größer und farbenprächtiger, besonders wenn man nach dem Schnitt gut düngt.

◀ BLATT-EFFEKTE
Ihre großen, tropisch wirkenden Blätter bekommt Paulownia *durch jährlichen starken Rückschnitt. Der Nebeneffekt: So kann man den Baum als dekorative Kübelpflanze halten.*

Wie der Schnitt wirkt

Pflanzen reagieren mit einem Neuaustrieb, wenn man Pflanzenteile abschneidet oder einen Ast waagerecht herunterbindet. Daher kann man mit Hilfe des Schnitts an den Stellen einen Austrieb auslösen, an denen er erwünscht ist, sowie Menge, Richtung und Stärke des Austriebs regulieren. Begutachten Sie vor dem Schneiden die Pflanze, da jeder Schnitt für sie Stress bedeutet. Schneiden Sie eine Pflanze deshalb nie ohne guten Grund.

Die Apikaldominanz brechen

Pflanzen produzieren in ihrer obersten Triebspitze – der Apikalknospe – Hormone, die die Verzweigung unterhalb hemmen. So wächst der Stamm gerade nach oben zum Sonnenlicht, das zur Nährstoffproduktion nötig ist. Entfernt man die Apikalknospe, geht die hemmende Wirkung der Hormone zurück und weiter unten sitzende Knospen treiben aus. Dieses »die-Apikaldominanz-Brechen« ist die Grundlage für alle Schnitttechniken, die verzweigtes, buschiges Wachstum fördern sollen.

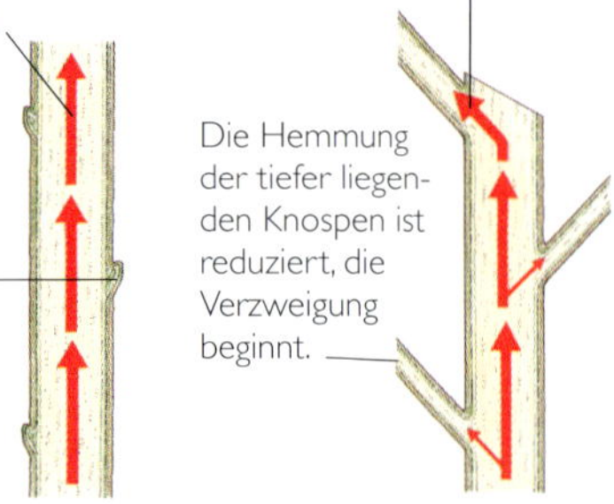

DIE VERZWEIGUNG AUSLÖSEN
Wachstumshemmende Hormone fließen von der Apikalknospe abwärts. Wird sie entfernt, versucht die nächste Knospe die Dominanz zu übernehmen und treibt stärker aus. Aber auch tiefer liegende Knospen können austreiben.

LIEBER KLEIN

- Entfernt man die Apikalknospen solange die Pflanzen noch klein sind, verzweigen sie sich ganz unten und sehr früh. So kann man bei Büschen und ausdauernden Pflanzen einen dichten, buschigen Wuchs fördern und einen mehrstämmigen Baum ziehen.
- Man sollte immer darauf achten, dass die Schnittwunden so klein wie möglich sind, da dann das Risiko einer Infektion geringer ist. Kleine Wunden können leichter heilen, außerdem entstehen weniger Narben.

SCHNITT BEWIRKT BUSCHIGEN WUCHS
An dieser Buntnessel sieht man, was passiert, wenn man die Apikalknospe entfernt: Die Bildung von Seitentrieben wird angeregt, und die Pflanze wächst dicht und buschig.

Blüten- und Fruchtansatz fördern

Biegt man einen vertikalen Ast waagerecht um und bindet ihn an, hat das einen ähnlichen Effekt wie die Entfernung der Apikalknospe: Sie verliert ihre Dominanz, und tiefer liegende Knospen können austreiben. Es treiben Seitenäste aus, die mehr Blüten und Früchte tragen. Diese Technik kann für Kletterpflanzen an Mauern oder andere Pflanzen mit flexiblen Trieben genutzt werden. Es sichert eine gute Bedeckung der Wand und außerdem die Ausbreitung von Blüten und Früchten.

AUFRECHTER TRIEB
Diese Kletterrose wurde nicht geschnitten, daher wächst der Seitentrieb nach oben. Fast alle Blüten stehen an den Enden der langen Triebe und sind damit außer Sichtweite.

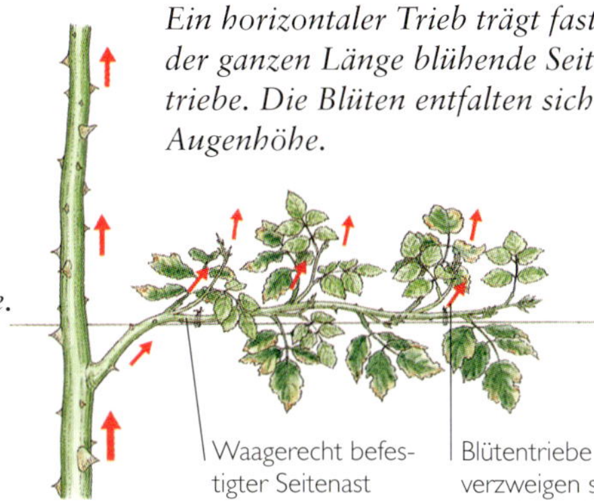

WAAGERECHTER TRIEB
Ein horizontaler Trieb trägt fast auf der ganzen Länge blühende Seitentriebe. Die Blüten entfalten sich in Augenhöhe.

Verletzungen und Krankheiten überwinden

Viele verholzte Pflanzen können bei Verletzungen die Ausbreitung von Krankheiten eindämmen, indem sie chemische Substanzen zu der Wunde transportieren, um dem Eindringen von Krankheitserregern vorzubeugen. Narbengewebe – Kallus genannt – bedeckt die Wunde und bildet einen luft- und wasserdichten Verschluss. Schneiden Sie eine Pflanze immer so, dass pflanzeneigene Abwehrmechanismen gefördert werden.

TOTES HOLZ
Eine natürliche Barriere stoppt das Absterben des durch schlechten Schnitt entstandenen Stumpfs. Schlafende Augen werden neu austreiben.

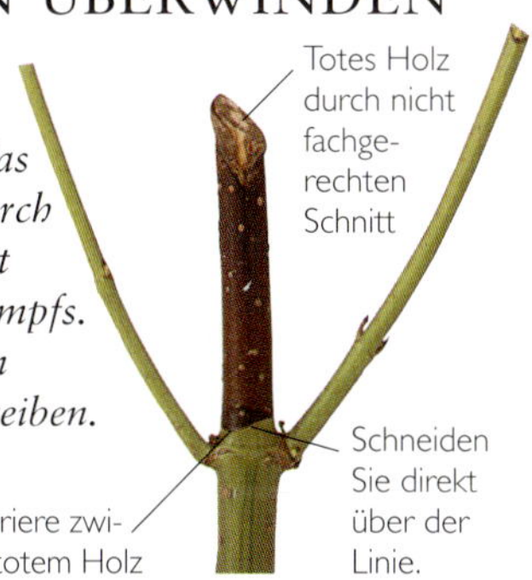

ÄSTE SCHNEIDEN
Schneidet man außerhalb des Astrings gerade und gegenüber der Naht, kann man sicher sein, dass die chemische Barriere der Pflanze intakt bleibt. Dies dient einer raschen Wundheilung.

NACH DEM SCHNEIDEN
Schneidet man direkt auf den Astring zurück, verschließt die Pflanze die Wunde mit schützendem Kallusgewebe.

Reaktionen auf den Schnitt

Im Allgemeinen führt ein leichter Schnitt zu schwachem Austrieb und ein starker Schnitt zu kräftigem Neuaustrieb.

Wenn man zu oft und zu stark schneidet, kann die Pflanze geschwächt werden. Es ist immer besser, eine an den Standort passende Pflanze auszuwählen, so dass man sie nicht zurechtschneiden muss.

Der Schnitttermin ist heikel. Schneidet man Immergrüne zu früh im Frühjahr oder zu spät im Sommer, entstehen weiche, neue Triebe. Schneidet man zur falschen Zeit, riskiert man, die Blütentriebe des kommenden Jahres zu entfernen (*siehe oben rechts*).

VOR DEM SCHNITT PRÜFEN

- Seien Sie sich über das Ziel der Schnittmaßnahmen im Klaren, damit jeder Schnitt zum gewünschten Resultat führt. Möchten Sie z. B. einen buschigen Wuchs, einen starken Neuaustrieb oder mehr Blütentriebe anregen?
- Wählen Sie den korrekten Zeitpunkt. Als Grundregel gilt: Pflanzen, die vor dem Hochsommer blühen, schneidet man nach der Blüte. Solche, die nach dem Hochsommer blühen im späten Winter oder zeitigen Frühjahr.

NATÜRLICHE WUCHSFORM
*Natürlicherweise wächst Meyer's Flieder (*Syringa meyeri*) als dicht verzweigter, buschiger Strauch mit Ästen bis an den Boden. Die Pflanze blüht im späten Frühling bis zum Frühsommer und wird nach der Blüte leicht geschnitten.*

HOCHSTÄMMCHEN
Weil sie auf den Schnitt gut reagiert, kann man Syringa meyeri *gut zu einem Hochstämmchen mit Krone schneiden und erziehen.*

SCHNEIDEN ODER NICHT SCHNEIDEN?

Diese Pflanzen vertragen einen starken Schnitt
*Aucuba japonica, Berberis (*die meisten*), Buddleja* und Sorten, *Buxus sempervirens, Caryopteris*-Sorten, *Catalpa bignonioides, Chaenomeles*-Sorten, *Choisya ternata, Cornus alba, C. sericea, C. sanguinea, Cotinus coggygria, Elaeagnus* sp. und Sorten, *Eucalyptus (*die meisten*), Ilex (*Stechpalme, die meisten*), Laurus nobilis (*Lorbeer*), Paulownia tomentosa, Phlomis fruticosa, Rosa (*die meisten*), Salix (*Weiden, die meisten*), Syringa (*Flieder, die meisten*).*

Pflanzen für nur geringen oder gar keinen Schnitt
*Arbutus (*Erdbeerbaum*), Camellia, Carya (*Hickorynuss*), Cercidiphyllum japonicum (*Katsurabaum*), Cladrastis, Cornus kousa* und andere blühende Hartriegel, *Daphne, Eucryphia, Fremontodendron californicum, Halesia, Hamamelis (*Zaubernuss*), Juglans (*die meisten*), Kalopanax septemlobus, Koelreuteria paniculata, Parrotia persica, Platycarya strobilacea, Rhus verniciflua, Sophora, Styrax.*

Gleiche Gattung – unterschiedliche Gestalt

Pflanzen werden gemäß ihrer gemeinsamen Merkmale wie Blütenform und Anzahl der Blütenblätter in Gattungen eingeteilt. Pflanzen einer Gattung teilen einige Merkmale, was nicht heißt, dass sie alle genau gleich aussehen. Gehen Sie nicht davon aus, dass alle Pflanzen einer Gattung in der genau gleichen Weise auf einen Schnitt reagieren. Sie können sich durchaus in der Art des Wuchses unterscheiden, wie z. B. die unten gezeigten Geißblatt-Arten. Blütezeit und -form – die zwei Hauptmerkmale, die über die Schnitttechnik entscheiden – sind unterschiedlich. Manche Pflanzen werden durch einen starken Schnitt angeregt, andere erleiden einen Schock und gehen ein.

LONICERA JAPONICA
Kletternde und windende Pflanze mit langem, schlankem Stamm und überreicher Blütenfülle – typisch für das Geißblatt.

LONICERA NITIDA 'BAGGESEN'S GOLD'
Nichtkletterndes, buschiges Geißblatt mit dichtem Wuchs und kleinen, glänzenden Blättern. Die Immergrüne verwendet man für Hecken.

Den Neuaustrieb düngen und mulchen

Oft werden beim Schneiden noch wachsende Triebe entfernt und die Pflanze verliert Energie produzierende Teile. Gleichzeitig steigt der Energiebedarf durch die Anregung zur Blüten- und Fruchtbildung. Wenn eine Pflanze gesund bleiben soll, braucht sie genügend Nährstoffe und Wasser.

Bringen Sie im Frühjahr einen Volldünger auf den feuchten Boden rund um die Pflanze aus und geben Sie als Mulchschicht organisches Material. Ist eine weitere Anwendung nötig, sollten Sie sie nicht nach dem Hochsommer vornehmen – ein später Neuaustrieb ist gegenüber Kälteschäden empfindlich.

NACH DEM DÜNGEN MULCHEN
Um die Bodenfeuchtigkeit zu erhalten, bringen Sie eine 8 cm dicke Mulchschicht aus. Lassen Sie den Platz direkt um die Stammbasis frei.

Wie man richtig schneidet

Ein Schnitt sollte immer so klein, sauber und glatt wie möglich sein, so dass die Pflanze rasch wieder heilen kann. Die Werkzeuge müssen immer sauber und scharf sein. Je jünger das Holz ist, um so schneller heilt es – scheiden Sie deshalb junge Triebe, bevor sie verholzen und Zweige, bevor sie zu Ästen werden. Je größer die Wunde ist, umso eher können Krankheiten eindringen, besonders wenn die Wunden ausgefranst oder gequetscht sind.

Schneiden

Die natürlichen Abwehrkräfte einer verholzten Pflanze sind am stärksten am Astring (der Wulst, an dem der Ast auf den Stamm trifft), an einer Astgabel oder einer Blatt- oder Blütenknospe. Führt man an diesen Stellen kleine, glatte Schnitte aus, beschleunigt dies den Heilungsprozess.

GLATT, SCHARF, SICHER

- Sauberes Schnittwerkzeug verringert das Risiko, über den austretenden Saft Krankheiten auf andere Pflanzen zu übertragen.
- Ihre Werkzeuge müssen scharf sein, damit sie glatt schneiden, ohne das Holz zu quetschen. Dadurch werden auch die Werkzeuge sowie Ihre Hände und Arme weniger belastet.

▶ GUTE UND SCHLECHTE SCHNITTE
Ein leicht schräger Schnitt ist am besten, da sich auf einer schrägen Oberfläche kein Regen ansammeln kann. Regenwasser kann Krankheiten übertragen – in ihm sind Pilzsporen gelöst, die Holzfäule verursachen.

Ein leicht schräger Schnitt 5 mm über einem Auge; er führt von der Knospe weg.

RICHTIGER SCHNITT

Ein zu schräger Schnitt reicht bis unter die Knospe und zerstört die natürliche Abwehrbarriere der Pflanze.

ZU SCHRÄGER SCHNITT

Bleibt ein Stumpf über der Knospe stehen, stirbt er ab, und Krankheiten können in das lebende Gewebe eindringen.

ZU HOCH ANGESETZTER SCHNITT

Eine Risswunde hinterlässt eine große Oberfläche, auf der sich Krankheitserreger ansiedeln können.

UNSAUBERER SCHNITT

Die Stellung der Knospen

Beim Schnitt muss die Anordnung der Knospen berücksichtigt werden. Bei wechselständigen Knospen steht je eine in Intervallen abwechselnd auf den gegenüberliegenden Seiten des Triebs. Sie werden leicht schräg geschnitten, so dass nur ein Trieb wachsen wird. Gegenständige Knospen stehen sich paarweise am Trieb genau gegenüber. Ein schräger Schnitt würde eine oder gar beide zerstören. Hier ist nur ein glatter, gerader Schnitt direkt über den Knospen möglich. Es entstehen zwei neue Triebe.

Aus der Knospe unterhalb des Schnitts entsteht ein neuer Trieb.

WECHSELSTÄNDIGE KNOSPEN
Schneiden Sie den Trieb 5 mm über der Knospe leicht schräg ab.

Aus den Knospen unter der Schnittstelle wachsen zwei neue Triebe.

GEGENSTÄNDIGE KNOSPEN
Schneiden Sie waagerecht 5 mm über zwei gesunden Knospen.

Grössere Schnittmassnahmen

Große Wunden brauchen oft mehrere Wachstumsperioden, um zu heilen und sind eine potenzielle Eintrittspforte für Krankheitserreger. Daher müssen solche Schnitte so ausgeführt werden, dass sie so schnell wie möglich heilen. Machen Sie einen ganz glatten Schnitt an der richtigen Stelle – dort, wo die natürlichen Abwehrbarrieren der Pflanze am stärksten sind – und es wird sich der Wundkallus vom Rand zur Mitte bilden, die Wunde verschließen und vor dem Eindringen von Erregern schützen.

Schneiden Sie direkt am Astring – dem Wulst zwischen Ast und Stamm.

Verwenden Sie für dicke Zweige ein kräftiges Werkzeug, z. B. eine scharfe Astschere.

Wundverschlussmittel

Am besten vermeidet man Wundverschlussmittel. Sie werden auf Schnitte aufgetragen und bilden eine künstliche Barriere gegen Infektionen, aber helfen nicht viel, und manche behindern sogar den Heilungsprozess. Unter der Borke befinden sich immer einige Mikroorganismen, die erst aktiv werden, wenn die Rinde beschädigt ist. Diese Schadorganismen werden unter dem Wundverschlussmittel regelrecht eingeschlossen. Solche Mittel können sogar nützliche Mikroorganismen abtöten, die schädliche in Grenzen halten.

ASTRING
Als Reaktion auf den Schnitt transportiert der Baum natürliche keimtötende Substanzen in den Astring und schließt die Wunde vom Saftstrom des Haupttriebs ab. So können keine Krankheiten in den Baum eindringen.

WUNDKALLUS
Ist der Schnitt glatt, kann der natürliche Heilungsprozess ablaufen. Das Kallusgewebe wird die Wunde luft- und wasserdicht abschließen.

UNSAUBERER SCHNITT
Durch eine eingerissene Wunde, die den Astring zerstört, können Pilzsporen eindringen. Der Haupttrieb beginnt zu verrotten und der Baum kann absterben.

Wie man einen grossen Ast absägt

Sie sollten bestenfalls Äste in Schulterhöhe entfernen, die für Sie noch leicht genug sind, um sie zu tragen. Zu Ihrer eigenen Sicherheit sollten Sie größere Schnittarbeiten, die eine Leiter erforderlich machen oder bei denen sehr große Äste entfernt werden, dem Fachmann überlassen. Führen Sie zunächst etwa 30 cm vom Stamm entfernt einen Vorschnitt aus. Den zweiten Vorschnitt setzen Sie 5 cm oberhalb des ersten von oben an und sägen gerade, bis der Ast zu Boden fällt. Der letzte Schnitt setzt direkt neben dem Astring an.

Mit dem zweiten Vorschnitt fällt der Ast. Es bleibt nur ein Stumpf stehen.

Der erste Vorschnitt schützt die Borke davor, bis in den Stamm zu reißen.

Der letzte Schnitt entfernt den Stumpf und ermöglicht einen glatten Schnitt auf dem Astring, also auf der äußeren Schutzbarriere.

WERKZEUG UND AUSRÜSTUNG

KAUFEN SIE DAS BESTE WERKZEUG, das Sie sich leisten können. Es ist eine lohnende Investition, und es ist gut, für jeden Zweck das passende Gerät zu haben. Qualitativ hochwertiges Werkzeug kann bei guter Pflege ein Leben lang halten. Das für die jeweilige Arbeit richtige Werkzeug bringt die besten Ergebnisse, insbesondere beim Schnitt. Bevor Sie neue Geräte kaufen, sollten Sie ausprobieren, ob sie gut in der Hand liegen und ohne Mühe zu benutzen sind.

DIE VERSCHIEDENEN WERKZEUGE

Zur Grundausrüstung gehört eine Baumschere und für schwerere Arbeiten eine Astschere oder eine Teleskopschere mit Seilzug. Dicke Äste entfernt man am besten mit einer Säge; zwischen dicht stehenden Ästen am besten mit einer Baumsäge. Eine Hippe – ein Gartenmesser mit großer nach unten gebogener Klinge – dient zum Glätten von Wunden. Tragen sie Arbeitshandschuhe zum Schutz Ihrer Hände, besonders bei stacheligen Pflanzen. Heckenscheren sind besonders für Topiary geeignet. Eine elektrische Heckenschere ist ideal für lange Hecken und eine Motorsense macht mit Bodendeckern kurzen Prozess. Tragen Sie eine Schutzbrille bei der Arbeit mit elektrischen Werkzeugen.

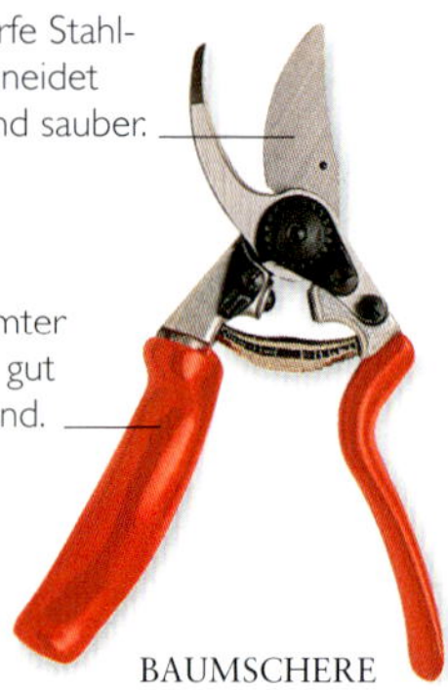

BAUMSCHERE

ASTSCHERE

WERKZEUGPFLEGE

- Sorgen Sie dafür, dass Klingen immer scharf sind.
- Reinigen und trocknen Sie das Werkzeug nach Gebrauch. Wischen Sie die Klingen mit einem öligen Lappen ab, damit sie nicht rosten.
- Benutzen Sie Werkzeuge nur ihrem Zweck entsprechend. Versuchen Sie nicht, mit ihnen Äste zu schneiden, für die sie zu schwach sind.

HECKENSCHERE

TELESKOPSCHERE

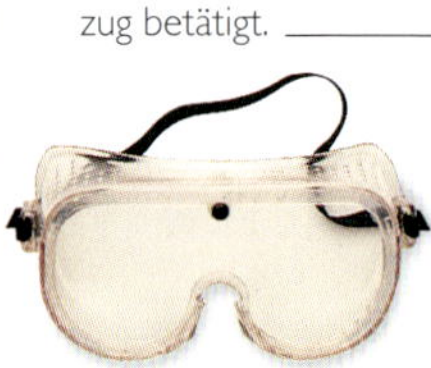
SCHUTZBRILLE

HIPPE

BAUMSÄGE

DAS BESTE WERKZEUG

Stahlklingen bester Qualität lassen sich gut schärfen. Die Klingen können ausgetauscht werden, wenn sie beschädigt oder stumpf geworden sind. Man kann sie wieder schleifen oder ersetzen.

SCHUTZHANDSCHUHE

Wie man Werkzeug richtig benutzt

Eine Baumsäge schneidet nur beim Ziehen, so dass sie sich nicht festfrisst, wenn man ins grüne Holz schneidet. Sägen mit geraden oder gebogenen Klingen lassen sich auch in engen Astgabeln leicht bewegen. Verwenden Sie eine Baumsäge für dicke verholzte Äste, den toten Stumpf eines Rosenbuschs oder alte, knorrige Blütentriebe.

Eine Hippe eignet sich für weiche Triebe und das Glätten von Wundrändern. Schneiden Sie keine Schnur damit, sie wird sonst stumpf.

Elektrische Werkzeuge

- Geräte, die an das Stromnetz angeschlossen werden, müssen eine Sicherung haben, damit Sie geschützt sind, falls Sie versehentlich das Kabel durchschneiden.
- Arbeiten Sie nie allein, wenn Sie eine elektrische Heckenschere benutzen.
- Verwenden Sie elektrische Geräte nie an nassen Pflanzen oder bei nassem Wetter.
- Wichtig: Tragen Sie eine Schutzbrille, wenn Sie mit elektrischen Geräten arbeiten. Auch Ohrenschützer sind empfehlenswert.

◀ EINE BAUMSÄGE VERWENDEN
Die schmale Klinge einer Baumsäge ermöglicht es, Stümpfe von totem Holz herauszuschneiden.

▶ EINE HIPPE VERWENDEN
Benutzen Sie eine scharfe Hippe, um die rauen Kanten eines unebenen Schnitts zu glätten.

Wie man Scheren benutzt

Sie können Scheren für alle weichen Triebe und Stängel mit bis zu 1 cm Durchmesser benutzen, solange Sie keine Kraft aufwenden müssen. Halten Sie die Schere richtig – die scharfe Schneidklinge muss nah am Ursprung des Zweigs sein, den Sie schneiden. So wird nur der Teil, der abgeschnitten wird, durch die dickere Klinge gequetscht.

RICHTIG

FALSCH

Wie man Astscheren benutzt

Astscheren verwendet man für dickere Äste bis etwa 2,5 cm Durchmesser. Wenn ein Ast ganz zwischen die Schneiden der Schere passt, ist das Schneiden dank der besonderen Hebelwirkung der Griffe mühelos und überlastet die Klingen nicht. Wie bei den Baumscheren sollte die Schneidklinge zum Hauptstamm hin zeigen.

RICHTIG

FALSCH

ZIERBÄUME

DAS ZIEL DES SCHNEIDENS

BÄUME SIND DIE LANGLEBIGSTEN PFLANZEN im Garten und prägen ihn am stärksten. Sie sind richtige Erbstücke, wenn sie in der Jugend gut gezogen wurden. Die meisten Bäume müssen ausgewachsen nur noch wenig geschnitten werden, denn rechtzeitiger Schnitt und Erziehung lassen einen kräftigen Baum mit einer harmonischen Form entstehen, der bis ins Alter gesund bleibt. Eine intakte Struktur der Äste lässt die dekorativen Eigenschaften eines Baums zur Geltung kommen.

WANN MAN SCHNEIDET

Normalerweise schneidet man im Winter, wenn der Baum in der Ruhephase ist. In dieser Zeit leidet der Baum am häufigsten unter Schneebruch, Eis und Wind. Meist kann ein Baum seine Wunden selbst heilen, wenn im Frühjahr der Neuaustrieb beginnt. Die meisten Bäume tolerieren das ganze Jahr über einen leichten Schnitt, mit dem kleinere Probleme korrigiert werden. Eine Ausnahme sind Birke und Walnuss, die aus den Schnittwunden „bluten", wenn der Saftstrom im Spätwinter aufsteigt oder wenn der Baum zwischen Frühjahr und Hochsommer belaubt ist. Einige Bäume, wie etwa Kirschen, sind zu manchen Zeiten des Jahres anfällig für Krankheiten wie Bleiglanz; sie schneidet man gewöhnlich im Sommer.

LICHT UND LUFTIG
Robinia pseudoacacia *'Frisia' mit ihrem goldenen Laub schneidet man am besten im Hoch- bis Spätsommer. Schneidet man sie im Winter, ist sie anfälliger für Pilzkrankheiten, die das Holz zerstören.*

◀ *Die kompakte* Populus × jackii *'Aurora' wächst mit nur wenig Schnitt säulenförmig.*

DER KAUF JUNGER BÄUME

AUCH WENN MAN DREI-, VIERJÄHRIGE oder noch ältere Bäume bereits fertig erzogen kaufen kann, lohnt es sich, eine kleine, kräftige ein- oder zweijährige Pflanze selbst zu erziehen. Je größer ein Baum beim Kauf ist, umso langsamer wird er sich eingewöhnen und umso mehr Pflege braucht er. Es macht viel mehr Freude, die Entwicklung eines Baums zu beobachten, den man selbst gepflanzt und erzogen hat – von einem kleinen Pflänzchen bis zum ausgewachsenen Exemplar.

RICHTIG ERZIEHEN

Die Erziehung eines jungen Baums beginnt im ersten Jahr nach dem Keimen. Ziel ist es, dass der Haupttrieb aus einer einzigen Apikalknospe wächst , so dass er einen kräftigen Stamm bildet. In den ersten paar Jahren wird er auch Seitentriebe entwickeln (*siehe Spindel S. 22*), deren Blätter das Dickenwachstum des Hauptstamms unterstützen. Je nachdem, wie der Baum wächst, werden Seitenäste herausgeschnitten, damit sich ein deutlicher Stamm bildet.

Das Wurzelsystem braucht im Gefäß ausreichend Platz, um nicht eingeengt zu werden, wenn es entsprechend den Proportionen der überirdischen Pflanzenteile wächst. Ein Baum sollte nicht mehr als drei- oder viermal so breit sein wie das Gefäß.

EIN GUT ERZOGENER BAUM
Dieser junge Baum ist aufrecht, kräftig und gesund. Der Topf ist groß genug für das Wurzelsystem. Es wird nicht zusammengepresst und kann die oberirdischen Teile gut versorgen.

GEFAHRENQUELLEN

- Junge Bäume ohne ausreichendes Wurzelsystem erleiden nach dem Umpflanzen leicht einen Schock, weil die Wurzeln nicht genug Nährstoffe beschaffen können, um die Krone zu versorgen. Es ist unwahrscheinlich, dass sie gut anwachsen, und vermutlich sterben die wachsende Triebe ab. Wenn sie zu stark wachsen, hilft nur noch ein Rückschnitt, um die Balance zwischen Wurzeln und Trieben wiederherzustellen.
- Wählen Sie nur junge Bäume mit einem einzigen, gut gestützten Haupttrieb und einer gesunden Triebspitze. Wenn ein Baum Seitenäste hat, sollten sie gleichmäßig am Hauptstamm verteilt sein. Hat ein Baum mehr als einen Hauptstamm entwickelt, bildet er wahrscheinlich enge Astgabeln, die im Alter instabil werden. Die Lösung: Wählen Sie einen starken neuen Leittrieb und schneiden Sie alle Triebe in der Nähe, die mit ihm konkurrieren könnten, heraus.

VERNACHLÄSSIGTER BAUM
Ohne einen heilsamen Schnitt hat dieser vernachlässigte junge Baum kaum Chancen, sich zu einem kräftigen, wohlgeformten Exemplar zu entwickeln.

VEREDELTE BÄUME

Viele Ziergehölze werden veredelt, indem ein Auge oder ein Stammstück auf eine Unterlage gepfropft wird. Dort, wo die Gewebeteile beider Pflanzen aufeinander treffen, ist die Veredelungsstelle. Sie ist bei an der Basis veredelten Bäumen als leichte Verdickung an der Stammbasis zu sehen. Der Baum wächst in Form eines einzelnen Hauptstamms aus dem aufgepfropften Auge. Wurde ein Stück Stamm gepfropft, wird die Apikalknospe den neuen Leit- oder Haupttrieb bilden. Alle Wildtriebe, die unterhalb der Veredelungsstelle austreiben, müssen entfernt werden. Bei Hochstämmchen (*siehe S. 24*), werden die Augen auf einen kahlen Stamm gepfropft.

VEREDELTER BAUM
Eine veredelte Pflanze kann mit einem gespaltenem Rohr gestärkt werden, damit sie aufrecht wächst und nicht an der Veredelungsstelle bricht, bis beide Gewebe völlig verwachsen sind.

BÄUME IN CONTAINERN UND WURZELNACKTE

Wenn Sie einen teilweise erzogenen Baum kaufen wollen, sollten Sie ihn sorgfältig auswählen. Transportieren Sie ihn vorsichtig unter einer Hülle; es bedeutet für die Triebe und Knospen Stress, wenn man sie auf dem Dachgepäckträger transportiert. Wenn wurzelnackte Pflanzen Wind und Wetter ausgesetzt sind, können die feinen Wurzeln austrocknen und absterben. Die Wurzeln der Bäume müssen nur geschnitten werden, wenn sie geschädigt sind. Kürzen Sie verdrehte, überlange oder verkrümmte Wurzeln, damit sich die Wurzeln, die vom Haupttrieb ausgehen, gut ausbreiten können.

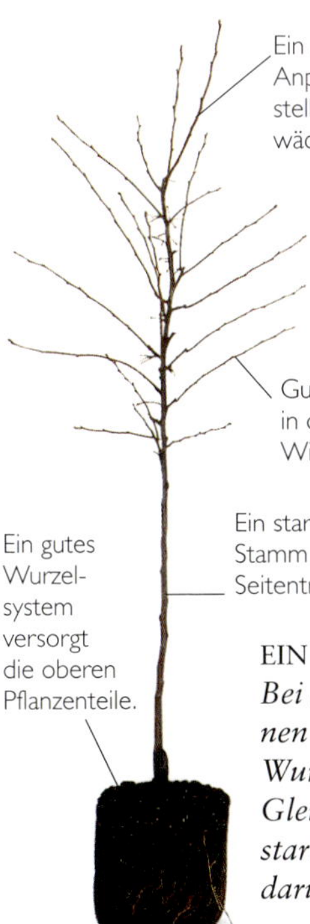

EIN GUTER KAUF
Bei diesem gut erzogenen jungen Baum stehen Wurzeln und Triebe im Gleichgewicht. Er hat einen starken Haupttrieb und gut darum verteilte Seitenäste.

EIN KÜMMERLICHES EXEMPLAR
Diese junge Birke zeigt alle Zeichen der Vernachlässigung. Sie wird sich nie zu einem guten Baum entwickeln. Kaufen Sie keinen jungen Baum mit diesen Fehlern.

Bäume in Form bringen

Ist ein junger Baum an seinem endgültigen Standort ausgepflanzt, setzt man die Erziehung fort. Im ersten Jahr entwickelt er meist einen einzelnen Haupttrieb, im zweiten Jahr die Seitentriebe. Die Erziehung beginnt im zweiten oder dritten Winter. Bäume werden in verschiedenste Formen geschnitten und erzogen, doch am besten wählt man eine, die der natürlichen Form des Baums am nächsten kommt, damit er auch im Alter seine gesunde Struktur behält.

Spindelkronen erziehen

Die meisten Bäume haben diese Form, wenn sie jung sind, und werfen mit zunehmendem Alter ihre unteren Seitenäste ab. Es ist die einfachste Form, da sie wenig Schnitt erfordert. Man entfernt lediglich sich überkreuzende, tote, kranke oder beschädigte Triebe. Sie ist vor allem für verschiedene Hartriegel-Arten (*Cornus alternifolia, C. capitata*) und den Beeren-Apfel (*Malus baccata*) geeignet. Viele Immergrüne wie Stechpalme (*Ilex*), *Eucryphia* und die meisten Koniferen behalten von Natur aus diese klare, konische Form. Der Schnitt von Spindeln aus Immergrünen erfolgt zwischen Spätsommer und Hochwinter. Laub abwerfende Bäume schneidet man in der Ruhezeit.

SPINDELKRONE
Dies ist die natürliche Form der meisten jungen Bäume. Sie haben einen zentralen Stamm, der fast bis zum Boden Seitenäste trägt. Mit zunehmendem Alter werfen die meisten Laubbäume die unteren Äste ab und entwickeln einen Hochstamm.

GUT ERZOGEN

Seitenäste, die in einem engen Winkel zum Hauptstamm stehen, sollten zuerst entfernt werden. Wenn sie sich weiterentwickeln, werden sie zu schweren Ästen mit einer engen Astgabel zwischen Stamm und Ast, die im Alter wahrscheinlich zu schwach wird.

1. JAHR NACH DEM PFLANZEN

2. UND 3. JAHR

SPINDELKRONE SCHNEIDEN
Entfernen Sie alle Seitenäste, die nicht gut platziert sind, so dass eine harmonische Form entsteht. Wenn Seitenäste auf einer Seite stärker wachsen, knipsen Sie die Spitzen der schwächeren Triebe ab, um das Wachstum anzuregen.

Hochstämme

Viele Bäume haben diese Form von Natur aus. Wenn sie älter werden, sterben die unteren Zweige ab, da sie durch die dichte Krone nicht mehr genug Licht bekommen. Um diese attraktive Form in jungen Jahren zu erziehen, kann man die unteren Zweige von einer Spindel entfernen. Ziel des Schnitts ist es, einen stark wachsenden, kahlen Hauptstamm zu bekommen. Seitenäste fördern das Dickenwachstum des Stamms und werden deshalb über mehrere Jahre entfernt. Nimmt man sie alle auf einmal ab, werden schlafende Augen weiter unten am Stamm zum Wachstum angeregt, was das Spitzenwachstum hemmt.

ZENTRALER HOCHSTAMM

Er besitzt einen kahlen, aufrechten Stamm mit einem Haupttrieb. Die Seitenäste wurden entfernt, als der Baum jung war, um den Stamm frei zu halten und haben kleine Narben hinterlassen.

BELIEBTE ARTEN

HOCH (über 20 m)
Aesculus hippocastanum
Castanea sativa
Fagus sylvatica
Fraxinus excelsior
Quercus petraea

MITTEL (10-20 m)
Alnus incana
Carpinus betulus 'Fastigiata'
Catalpa bignonioides
Corylus colurna
Davidia involucrata
Malus tschonoskii
Paulownia tomentosa

KLEIN (bis 10 m)
Laburnum anagyroides
Prunus maackii
Prunus serrula
Sorbus cashmiriana
Sorbus hupehensis

HOCHSTÄMME SCHNEIDEN

*Entfernen Sie Seitenäste, ohne den Astring zu verletzen (*siehe S. 11*); ist der Wulst nicht zu sehen, lassen sie einen Stumpf von maximal 5 mm stehen. Geht der Leittrieb verloren, ziehen Sie einen Ersatztrieb heran (*siehe S. 27*).*

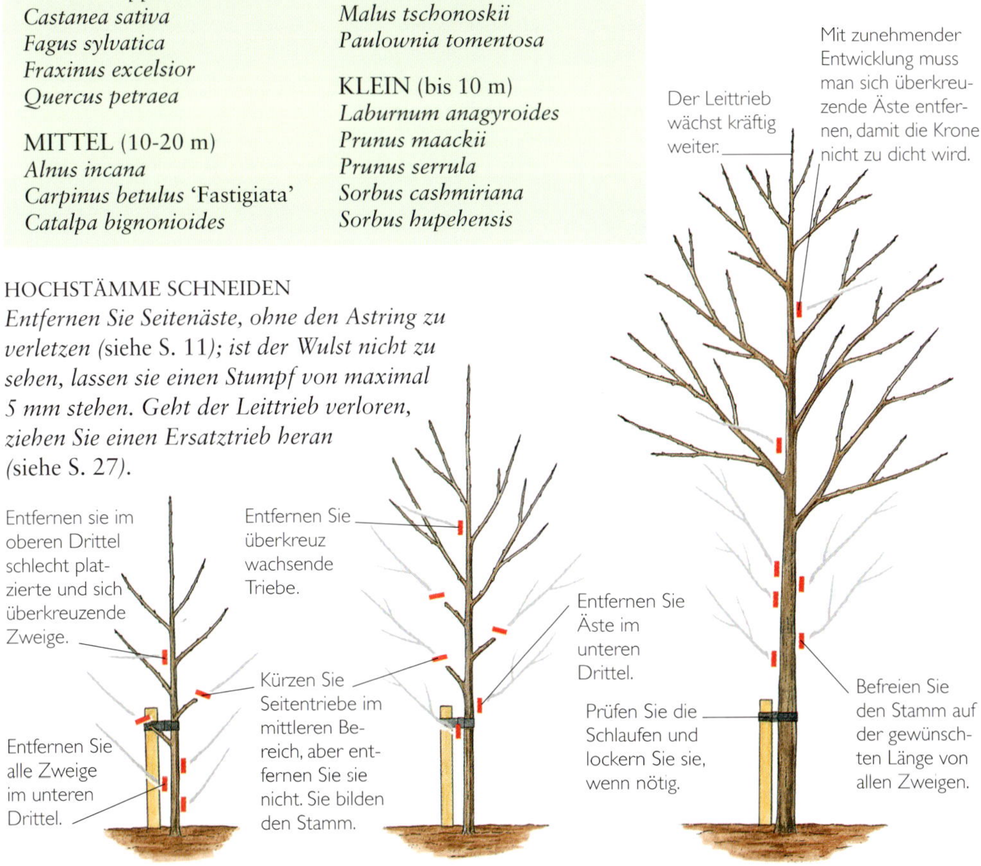

1. JAHR NACH DER PFLANZUNG   2. UND 3. JAHR   4. JAHR

HOCHSTAMM MIT PYRAMIDENKRONE

Hochstämme mit Pyramidenkrone kommen in der Natur vor, wenn der Leittrieb mit zunehmendem Alter seine Dominanz verliert. Durch Schnitt erzeugt man diese Form oft an Bäumen, die sonst zu einer bemerkenswerten Höhe heranwachsen würden. Die Erziehung im ersten und zweiten Jahr entspricht der eines Baums mit zentralem Hochstamm.

BÄUME MIT RUNDKRONE

Acer negundo	*Malus* (viele)
Albizia	*Mespilus germanica*
Cornus kousa	*Prunus cerasifera*
+ *Crataegomespilus*	*P.* × *subhirtella* und einige Japanische Kirschen
Crataegus (viele)	
+ *Laburnocytisus*	

BÄUME MIT PYRAMIDENKRONE SCHNEIDEN
Wenn sich drei bis vier starke Äste auf der gewünschten Höhe des Stamms entwickelt haben, entfernt man den Leittrieb.

PYRAMIDENKRONE

3. ODER 4. JAHR, WINTER

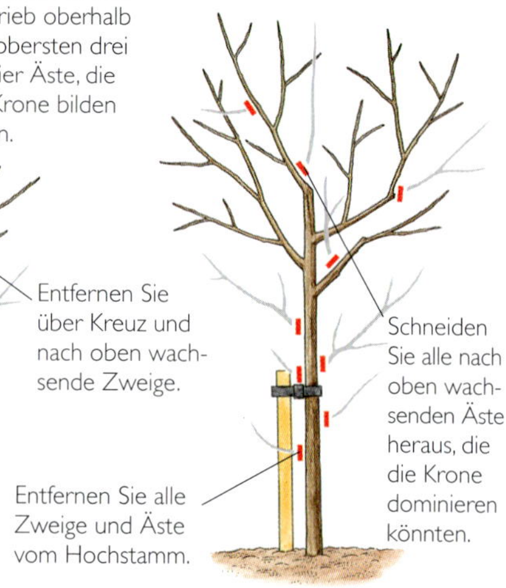

4. ODER 5. JAHR, WINTER

TRAUERFORMEN

Einige Bäume, die von Natur aus hängende Äste haben, können zu dieser Form erzogen werden, aber meist sind solche Hochstämme durch Aufpfropfung auf die Spitze eines Hochstamms entstanden. Solche Bäume muss man zeitlebens auslichten, damit die Krone nicht zu dicht wird. Sonst sammelt sich totes Holz an, und Krankheiten werden gefördert. Nachdem sich die Krone entwickelt hat, muss man solche Bäume oft an einen bis in die Krone reichenden Pfahl anbinden.

BÄUME MIT TRAUERFORM

Betula pendula 'Youngii'	*Pyrus salicifolia* 'Pendula'
Fraxinus excelsior 'Pendula'	*Salix caprea* 'Kilmarnock'
Malus 'Red Jade'	*Sophora japonica* 'Pendula'
Morus alba 'Pendula'	

SCHNITT-PRINZIP
Damit die Krone nicht zu dicht wird, entfernt man alle schwachen, alle im Zentrum über Kreuz und alle nach oben wachsenden Triebe.

TRAUERFORM

Mehrstämmige Bäume

Einen Baum mehrstämmig zu ziehen, schafft in einem kleinen Garten eine von Bäumen geprägte Atmosphäre und bringt Bäume mit dekorativer Borke zur Geltung. Einige Bäume wie *Celtis australis* werden in Regionen mit kühlen Sommern immer dazu tendieren, einen Hochstamm zu bilden, sind aber als mehrstämmiger Baum genauso attraktiv. Dies ist die natürliche Form vieler Bäume, die an ihrer Basis austreiben oder sich ganz unten verzweigen. Durch Schneiden kann man diesen Effekt verstärken.

MEHRSTÄMMIGE BÄUME
Wenn sich ein Baum weit unten oder fast am Boden verzweigt, entwickeln sich mehrere verschiedene Stämme, und seine Form gleicht einem großen, buschigen Strauch.

GEEIGNETE KANDIDATEN

Acacia dealbata
Acer davidii
Ailanthus altissima
Betula nigra
Betula pendula
Cercidiphyllum japonicum
Cercis siliquastrum
Embothrium coccineum
Halesia
Lindera benzoin
Maackia amurensis
Nyssa sylvatica
Oxydendrum arboreum

AUS EINEM EINZELNEN STAMM
Schneiden Sie den Stamm fast bis auf den Boden zurück. Neue Triebe werden ausgedünnt, damit die unteren Äste gut verteilt sind.

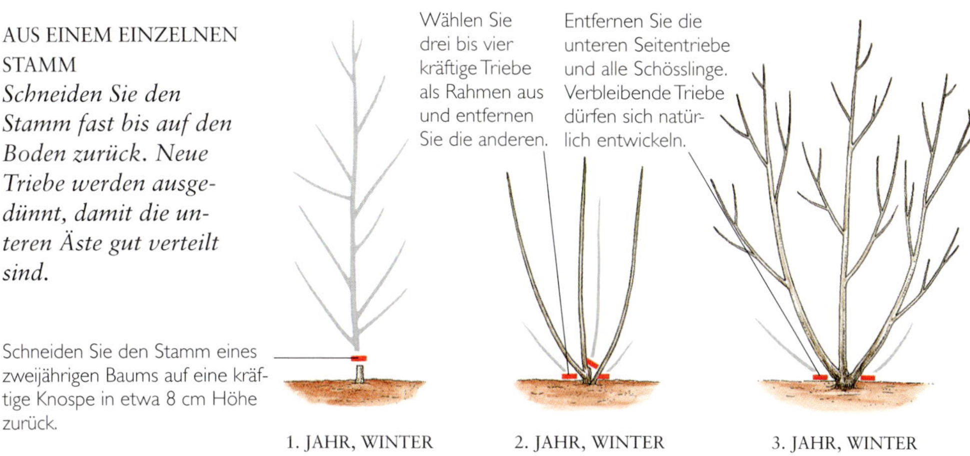

NIEDERSTAMM
Durch Schnitt einen Niederstamm zu ziehen, ist die beste Methode, um mehrstämmige Bäume wie einen Acer davidii *zur Geltung zu bringen, die wegen ihrer attraktiven Borke gezogenwerden. Ahorn-Bäume »bluten«, deshalb schneidet man sie nur im Winter.*

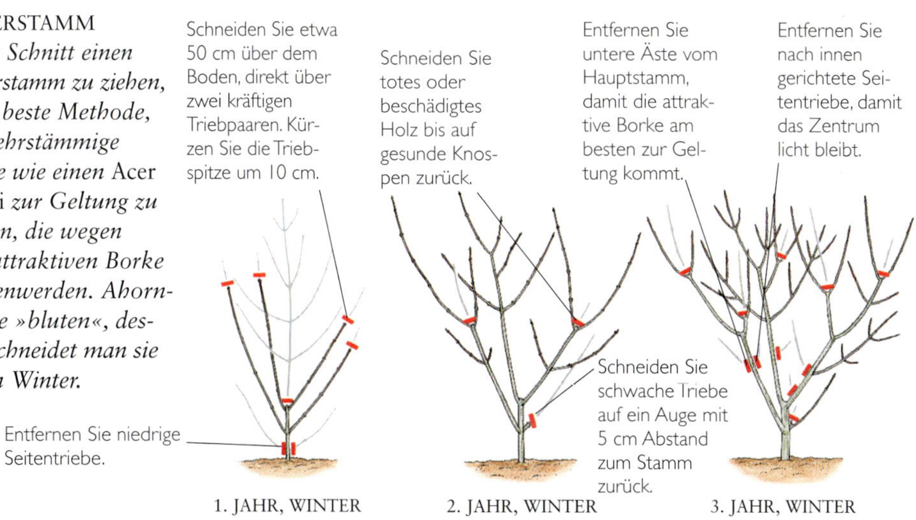

Junge Bäume pflegen

Den Lohn der Mühe, die Sie in die Erziehung junger Bäume stecken, werden Sie während der ganzen Lebenszeit des Baums zurückbekommen. Zahlreiche Schnittmaßnahmen in den frühen Jahren haben zum Ziel, eventuelle spätere Probleme zu vermeiden. Wenn ein junger Baum richtig gezogen wird, braucht er später nur einen geringfügigen Instandhaltungsschnitt. Doch alle Bäume profitieren davon, wenn man sie regelmäßig auf tote, kranke oder instabile Äste überprüft.

Anbinden

Fast alle Bäume brauchen in den ersten zwei Jahren einen Pfahl, bis sich ein kräftiger Stamm und ein kräftiges Wurzelsystem entwickelt haben. Der Pfahl hält den Baum nicht, sondern hilft, dass sich ein gerader, aufrechter Stamm entwickeln kann. Wird er im Wind hin- und hergebogen, stärkt das den Stamm. Der kurze Pfahl, ob gerade oder schräg, wird mindestens 60 cm tief in den Boden geschlagen, bevor der Baum gepflanzt wird und sich die Wurzeln ausbreiten. Die Bänder müssen fest sein, sollen aber Spielraum haben.

SCHRÄGER PFAHL
Sinnvoll an exponierten Stellen. Der Pfahl steht im 45°-Winkel zur vorherrschenden Windrichtung. Er ist mit Schlaufe und Abstandhalter gesichert.

AUFRECHTER PFAHL
Der Pfahl ist ein Drittel so hoch wie der Baum. So wird der Stamm kräftig, weil er sich biegen kann. Mit Baumband und Abstandhalter befestigen.

NICHT ZU ENG

- Benutzen Sie ein Band mit einem Abstandhalter, damit die Borke nicht verletzt wird und keine Krankheitserreger eindringen können.
- Lockern Sie die Bänder, wenn der Stammumfang zunimmt. Zu enge Bänder schneiden in die Borke ein und behindern die Nährstoffversorgung der Krone.

◄ ZWEI PFÄHLE
Ideal für Bäume mit Wurzelballen oder in Containern; die Pfähle dürfen die Wurzel nicht verletzen. Gummibänder lassen dem Stamm Beweglichkeit.

► EINEN PFAHL VERLÄNGERN
Ein kräftiger Pfahl stützt ein Hochstämmchen, das noch erzogen wird. Da der Leittrieb noch wächst, wird der Pfahl durch ein kräftiges Bambusrohr verlängert.

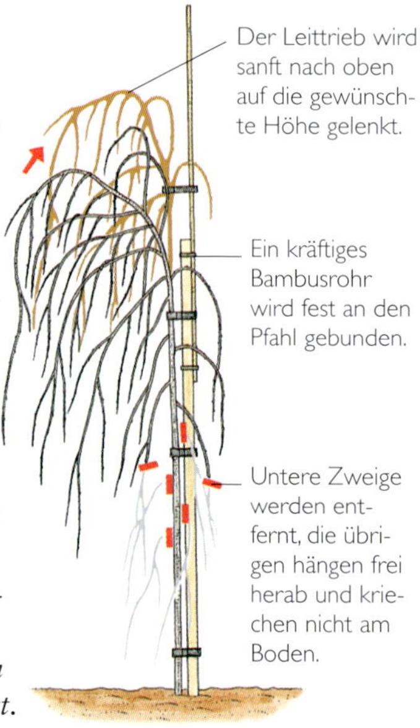

PROBLEME MIT LEITTRIEBEN

Wenn ein junger Baum zwei oder mehr Leittriebe entwickelt, konkurrieren sie miteinander, und die gewünschte Form des Baums kann zerstört werden. Im schlimmsten Fall entwickelt der Baum eine Krone mit zwei oder mehr Ästen, die in einem engen Winkel zueinander stehen und wahrscheinlich im Alter instabil werden, wenn die Äste länger und schwerer werden. Dies kann dazu führen, dass große Äste bei starkem Wind abbrechen. Der Schaden kann irreparabel sein. Es ist besonders wichtig, dem vorzubeugen, indem man einen zentralen Haupttrieb zieht. Der oberste Trieb wird als neuer Leittrieb nicht immer die beste Wahl sein; wählen Sie immer den stärksten und aufrechtesten Trieb.

KONKURRIERENDE LEITTRIEBE

Dieser junge Baum hat mehrere konkurrierende Leittriebe an der Spitze entwickelt. Man muss einen einzigen Leittrieb auswählen und die übrigen entfernen, wenn der ausgewachsene Baum kräftig sein soll.

PROBLEME MIT ZWEI LEITTRIEBEN

Bäume mit gegenständigen Knospen entwickeln nach Verlust des Haupttriebs ein Paar neuer Leittriebe. Wählen Sie den Trieb aus, der am nächsten zum Stamm liegt, und trennen Sie den anderen mit sauberem Schnitt an der Basis ab.

WIE MAN EINEN GEBROCHENEN LEITTRIEB ERSETZT

Wenn ein Leittrieb durch Windbruch oder Frost geschädigt wird oder abstirbt, schneidet man ihn bis auf den nächsten kräftigen Seitentrieb zurück, der als Ersatz-Leittrieb gezogen werden kann. Gibt es keine geeigneten Seitentriebe, schneidet man ihn auf ein kräftiges Auge zurück und erzieht den neuen Trieb als Ersatz. Binden Sie den Ersatztrieb an ein kräftiges Bambusrohr. Dieses kann entfernt werden, wenn der neue Trieb stark und verholzt ist.

ÄLTERE BÄUME PFLEGEN

WENN SIE ALS JUNGE BÄUME GUT ERZOGEN wurden, brauchen ältere Bäume nur selten einen regelmäßigen Schnitt, obwohl es allen Bäumen gut bekommt, wenn man regelmäßig einen Gesundheitscheck durchführt. Für die meisten ist der Spätsommer die günstigste Zeit. Auch der tiefe Winter, wenn das Grundgerüst der Äste am besten zu sehen ist, eignet sich. Wildtriebe sowie totes, krankes oder beschädigtes Holz sollte man, sobald man es sieht, entfernen.

UNGLEICHMÄSSIGEN WUCHS KORRIGIEREN

Ungleichmäßiger Wuchs entsteht häufig durch Schattenwurf, z.B durch Gebäude. Erkennen und beseitigen Sie zuerst die Ursachen und korrigieren Sie dann über mehrere Jahre, indem sie nur einen oder zwei Äste pro Jahr entfernen (*siehe S. 11*). Schneiden Sie im ersten Jahr schwache Zweige vollständig heraus. Im folgenden Jahr entfernen Sie den dünnen Neuaustrieb und kürzen oder entfernen weitere Zweige, um die Symmetrie wiederherzustellen.

1. JAHR, WINTER

FORTGESCHRITTENES 2. JAHR, WINTER

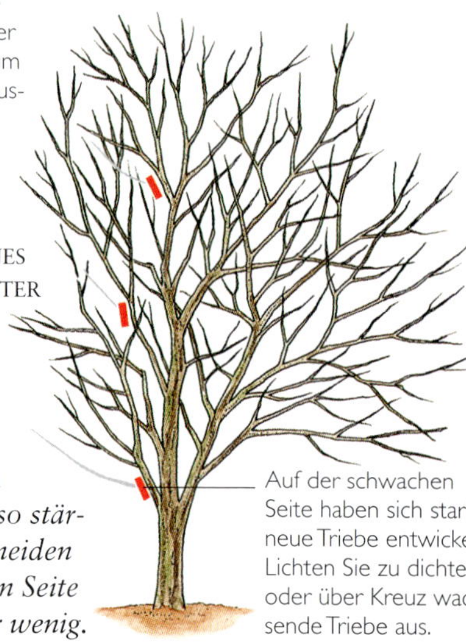

EINE HARMONISCHE FORM
Je stärker Sie schneiden, umso stärker ist der Neuaustrieb. Schneiden Sie deshalb an der schwachen Seite stark und an der anderen nur wenig.

WILDTRIEBE ENTFERNEN

Wildtriebe treiben oft als Reaktion auf eine Verletzung aus den Wurzeln oder dem Baumstamm aus und können auch am Wurzelstock veredelter Bäume unterhalb der veredelten Sorte entstehen. Sie zehren den Baum aus. Man sollte sie, sobald man sie sieht, entfernen.

BIS AUF DIE BASIS
Entfernen Sie Wildtriebe stets am Ansatz. Reißt oder gräbt man Wildtriebe von Wurzeln aus, treiben ruhende Knospen aus; verfolgen Sie diese bis zum Ansatz, reißen Sie sie ab und glätten Sie die Wunde, um ruhende Knospen zu entfernen.

Neuaustrieb auslichten

Ein starker Schnitt regt oft das Wachstum von weichen, schnell wachsenden Trieben an, den so genannten Wassertrieben oder Wasserschossen. Sie treiben aus ruhenden Knospen unter der Borke nahe der durch den Schnitt entstandenen Wunde aus. Lässt man sie alle stehen, rauben sie dem Baum Energie, wuchern zu dicht und bilden nur selten starke Äste. Lichtet man sie vorsichtig aus, können sie in kräftige Ersatztriebe verwandelt werden. Wurde ein beschädigter Ast ungeschickt geschnitten, kann vorsichtiges Auslichten helfen, den Anblick eines hässlichen Stumpfs zu verbessern.

NACHHER
Vier starke Triebe wurden ausgewählt und auf unterschiedliche Länge zurückgeschnitten, um einen ausgewogenen Neuaustrieb zu erhalten.

Grössere Schnittarbeiten

Versuchen Sie nie, größere Äste zu entfernen, die Sie nicht vom Boden aus erreichen können und die zu schwer sind, um sie ohne Hilfe zu tragen. Größere Schnittarbeiten an Bäumen sollten nur vom Fachmann ausgeführt werden. Wächst ein Baum über den ihm zustehenden Platz hinaus oder hat er Äste entwickelt, die über eine Straße ragen oder elektrische Leitungen behindern, verhindert das Zurückschneiden der Krone, den ganzen Baum fällen zu müssen. Klären Sie mit den örtlichen Behörden, ob der Baum unter Schutz steht. Solche Maßnahmen werden selten notwendig, wenn Sie einen geeigneten Platz für den Baum auswählen; informieren Sie sich vor dem Pflanzen, wie groß der Baum werden wird.

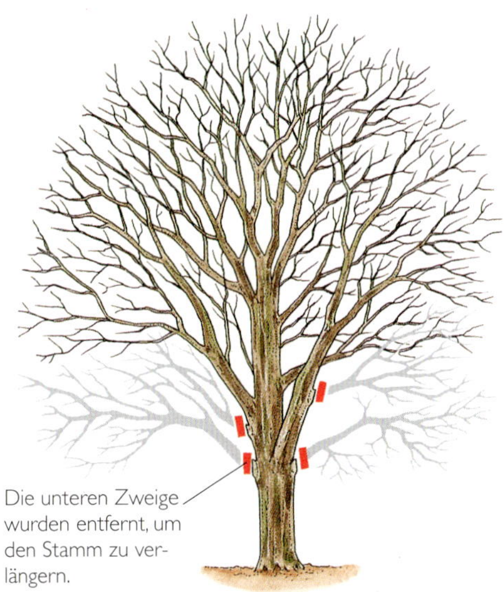

DIE KRONE VERSCHLANKEN
Diese Maßnahme ist sinnvoll, um Zweige zu entfernen, die den Durchgang behindern oder das Licht wegnehmen oder wenn Sie unter dem Baum etwas pflanzen wollen.

KRONE AUSLICHTEN UND VERKLEINERN
Mit dieser Methode kann man Höhe und Breite einer Baumkrone reduzieren, um zu dichten Wuchs zu beseitigen und den Windwiderstand zu reduzieren.

Kappen und Entwipfeln

Kappen und Entwipfeln sind sich im Wesentlichen sehr ähnliche Techniken – sie sind ein starker, regelmäßiger Schnitt. In Gärten können diese traditionellen Methoden der Waldwirtschaft dazu dienen, kräftige junge Stämme zu ziehen, die leuchtend gefärbt sind und größeres, dekorativeres Laub haben als normal. Nicht alle Pflanzen vertragen einen so starken Schnitt gut; sie müssen kräftig sein und sehr gute Abwehrkräfte besitzen.

Entwipfeln

Bäume entwipfelt man, indem man die Stämme in der gewünschten Höhe über dem Boden abschneidet. Weiden und Hartriegel werden oft auf diese Weise geschnitten, um im Winter den Ziereffekt der wunderschön gefärbten Stämme zu betonen, die über benachbarten Pflanzen aufragen. Entwipfeln eignet sich auch, um farbenprächtigeres und dekorativeres Laub in Augenhöhe zu rücken. Die Stämme schneidet man jedes oder jedes zweite bzw. dritte Jahr im Frühling, bevor die Wachstumsperiode beginnt.

Auch große Bäume wie Platanen (*Platanus*) und Linden (*Tilia*) wurden schon immer entwipfelt, damit man sie auch in Gärten oder am Straßenrand kultivieren kann.

ENTWIPFELN
Entwickelt ein junger Baum in der gewünschten Höhe ein Bündel von Zweigen, sägen Sie den Stamm direkt über der untersten Zweiggruppe durch.

DIE KRONE PFLEGEN
Alle ein bis drei Jahre schneidet man im späten Winter oder zeitigen Frühjahr alle Äste auf 2 cm über dem Hauptstamm zurück. Neue Triebe auslichten.

WINTERSCHMUCK
Die farbenprächtigen Äste an einem 1,5 m hohen Stamm bilden im Winter und Frühling ein zierendes Dach über den übrigen Rabattenpflanzen.

ZUM KAPPEN UND ENTWIPFELN GEEIGNETE BÄUME

***Acer negundo* 'Flamingo'** mit großem, buntem Laub
***Catalpa bignonioides* 'Aurea'** ♀ mit großen, bunten Blättern
Cornus sericea, C. sanguinea und Sorten für dekorative Stämme im Winter
Corylus avellana 'Aurea', ***C. maxima* 'Purpurea'** ♀ mit großem, buntem Laub
Cotinus coggygria ♀ mit noch größeren, bunteren Blättern
Eucalyptus gunnii ♀ mit farbenprächtigem, jungem Laub
Paulownia tomentosa ♀ mit großen Blättern
Rhus hirta ♀ mit großem, farbigem Blattwerk
Rubus cockburnianus, ♀, ***R. thibetanus*** ♀ mit weißen Stämmen im Winter
Sambucus nigra, S. racemosa und farbige Sorten mit zierendem, farbenprächtigem Laub
Salix alba, S. daphnoides und Sorten mit farbigen Stämmen im Winter

Grössere Blätter durch Schneiden

Bäume und Sträucher, die einen starken Schnitt vertragen, entwickeln größere und farbenprächtigere Blätter, da die Pflanze ihre ganze Energie in einen üppigen Neuaustrieb steckt. Eukalyptus-Blätter haben Jugend- und Altersformen; die jungen Blätter an den neuen Trieben sind gewöhnlich stark gefärbt. Bei Pflanzen, die am alten Holz blühen, erhält man anstelle von Blüten größere Blätter.

◀ NACH DEM SCHNITT
Die Triebe von Eucalyptus gunnii *wurden jedes oder jedes zweite Jahr im Frühling bis auf einen niedrigen Stumpf entwipfelt.*

▶ FRISCHES LAUB
Der starke Neuaustrieb trägt runde, junge Blätter in silbrigem Blaugrau.

Kappen

Kappen ist dem Entwipfeln sehr ähnlich, nur dass man regelmäßig während der Ruhezeit bis fast auf den Boden zurückschneidet. Wie beim Entwipfeln hat der Baum oder Strauch ein voll entwickeltes Wurzelsystem, der Neuaustrieb wird also gut genährt, ist außergewöhnlich kräftig und zeigt oft intensivere Farben. Kappen ist auch bei etwas kälteempfindlichen Pflanzen nützlich, wie etwa beim Eukalyptus, da man dann den Winterschutz auf eine Mulch- oder Strohschicht über den Wurzeln beschränken kann.

NICHT VERSCHWENDEN

- Stecklinge von Weidentrieben bewurzeln schon, wenn man sie nur in die Erde steckt. Diese Fähigkeit kann man ausnutzen, um lebende Zäune oder Hecken aus Weiden zu ziehen; sie sind ein idealer Sicht- und Windschutz.
- Stecklinge von Weiden und Haselnuss können verflochten werden, um niedrige Einfassungen für Rabatten, Pyramiden und andere Rankhilfen, rustikale Klettergerüste oder Nistplätze herzustellen.

NACH DEM SCHNITT
Alle Triebe wurden im Winter bis fast auf den Boden zurückgeschnitten. Schneiden Sie nicht unterhalb der Bodenoberfläche, und verletzen Sie die verdickte, holzige Basis nicht.

NEUAUSTRIEB
Neue Triebe entstehen außerhalb der zurückgeschnittenen Triebe. Sind sie zu dicht, lichtet man sie aus, indem man sie an der Basis zurückschneidet anstatt sie nur zu kürzen.

NADELBÄUME

DIE MEISTEN NADELBÄUME oder Koniferen sind kegelförmige Immergrüne mit schuppen- oder nadelförmigen Blättern. Sie werden, mit wenigen Ausnahmen, sowohl in der Jugend als auch im Alter nur minimal geschnitten. Fast alle haben einen aufrechten Wuchs mit einem starken Leittrieb und bilden letztlich eine konische Form. Sind sie ausgewachsen, vermeidet man möglichst jeden Schnitt, es sei denn, um Schäden zu beheben oder störrische Zweige zu entfernen.

EINEN LEITTRIEB AUSWÄHLEN

Manchmal, meist, nachdem die Apikalknospe beschädigt wurde, entwickeln Nadelbäume zwei Leittriebe. Man muss einen entfernen, um ein wohl geformtes Exemplar zu ziehen und enge Astgabeln zu vermeiden. Die meisten Koniferen »bluten« übermäßig, wenn sie geschnitten werden; schneiden Sie im Herbst oder Winter, um dies in Grenzen zu halten.

KONKURRIERENDE LEITTRIEBE
Wenn sich zwei Leittriebe entwickeln, ist es notwendig, den schwächeren oder gekrümmteren an der Basis herauszuschneiden, damit die einstämmige konische Form erhalten bleibt.

EINEN GEBROCHENEN LEITTRIEB ERSETZEN

Die meisten Nadelbäume bilden von Natur aus einen neuen Leittrieb, wenn der erste verletzt wird, solange der Baum noch jung ist. Wenn ein Schaden auftritt, sollten Sie so bald wie möglich einen neuen Leittrieb auswählen. Bietet sich dazu kein Trieb an, wählen Sie einen kräftigen Seitentrieb von weiter unten aus und binden ihn senkrecht nach oben. Selbst wenn er fast horizontal gewachsen ist, wird er die Rolle des Leittriebs übernehmen.

1 **Ein beschädigter** Leittrieb kann durch einen starken Seitentrieb ersetzt werden, der entsprechend erzogen wird.

2 **Entfernen Sie** beschädigte Triebe und schneiden Sie sauber bis auf einen starken, aufrechten Seitentrieb zurück.

3 **Stecken Sie einen** Bambusstab in den Boden und binden Sie den Leittrieb an, bis er genau senkrecht wächst.

GEBOGENE ÄSTE

Nadelbäume sind anfällig für Windschäden oder Eis- und Schneebruch, die die Zweige nach außen biegen können. (Entfernen Sie den Schnee immer, um dieses Risiko zu verringern). Ist dies der Fall, führen Sie ihn wieder zurück und vergewissern Sie sich, dass er nicht angebrochen ist. Ist das passiert, entfernen Sie ihn und verfahren mit der Lücke wie unten beschrieben. Ist er intakt, binden Sie ihn am Haupttrieb an (*rechts*).

Der Zweig hat sich unter der Schneelast nach außen gebogen.

NACH AUSSEN GEBOGENE ÄSTE ANBINDEN *Verwenden sie etwas Weiches wie eine dicke Schnur, Baumbänder aus Gummi oder Nylonbänder, um unbeschädigte Triebe am Haupttrieb anzubinden.*

WIE MAN MIT TOTEM HOLZ UMGEHT

Nur wenige Koniferen können aus altem Holz austreiben. Totes Blattwerk muss herausgeschnitten werden. Wenn der Schaden groß ist, bleiben oft unansehnliche Lücken zurück, vor allem bei formal gezogenen Bäumen oder Hecken (*siehe S. 50–53*).

Kleine Schäden kann man ausbessern, indem man benachbarte Triebe über die Lücke bindet wie oben beschrieben. Bei größeren Schäden befestigen Sie einen Stab an einem Haupttrieb und binden Sie Nachbartriebe daran fest, um die Lücke zu verdecken.

1 **Entfernen Sie vertrocknete** und abgestorbene Triebe komplett, und schneiden Sie sie sauber bis zum Haupttrieb zurück. Durch die Lücke werden alte Zweige mit spärlichem Laub sichtbar, die nur selten wieder austreiben.

2 **Befestigen Sie einen Stab** an einem Haupttrieb oder -zweig. Biegen Sie gesunde Nachbartriebe über die Lücke und binden Sie sie fest. Der Neuaustrieb aus dem jungen Holz wird den Stab bald verbergen.

ZIERSTRÄUCHER

DIE ZIELE DES SCHNITTS

MIT IHREM DAUERHAFTEN GERÜST aus Zweigen sind Sträucher in der Bepflanzung eines Gartens immer präsent. Viele werden wegen ihrer wunderschönen Blätter ausgewählt und müssen nur ganz wenig geschnitten werden. Diejenigen, die Blüten oder Früchte tragen, brauchen gewöhnlich einen regelmäßigen Schnitt, wenn sie gut zur Geltung kommen sollen. Ziel des Schneidens ist es, altes, unproduktives Holz durch junge und kräftige Triebe zu ersetzten, die fast immer überreich blühen.

GUTE GRÜNDE FÜR DAS SCHNEIDEN

Wenn sie nicht wegen einer speziellen Wirkung erzogen werden, wirken die meisten Sträucher am besten, wenn sie sich zu ihrer natürlichen Wuchsform entwickeln dürfen. Es ist wichtig, den für den Platz passenden Strauch auszuwählen. Die meisten Sträucher müssen nur leicht in Form geschnitten werden, um kräftig und schön zu bleiben. Entfernen Sie regelmäßig tote, kranke oder beschädigte Triebe. Bei denen, die regelmäßig geschnitten werden müssen, um die Blütenbildung anzuregen, ist der richtige Schnitt zur richtigen Zeit ganz wesentlich – die bestimmenden Faktoren sind das Alter der Blütentriebe und die Blütezeit. Bevor Sie mit dem Schnitt beginnen, sollten Sie sich über die gewünschten Ergebnisse im Klaren sein.

BUDDLEJA 'LOCHINCH'
Der richtige Schnitt sorgt für eine hübsche runde Form, die schönsten Blätter und eine überreiche Blüte im Spätsommer, die herrlich aussieht und viele Schmetterlinge anlockt.

◀ HYDRANGEA PANICULATA *'Floribunda' blüht im Spätsommer am diesjährigen Holz.*

Gute Qualität kaufen

Wenn Sie im Gartencenter oder in der Gärtnerei junge Sträucher als Containerpflanzen kaufen, sind sie wahrscheinlich schon einige Jahre alt, und die meisten werden schon die ersten Schnitte und Erziehungsmaßnahmen hinter sich haben. Vielleicht entscheiden Sie aber auch, eigene Sträucher aus Samen, Stecklingen oder Ablegern zu ziehen. So können Sie die Wachstumsbedingungen kontrollieren und Ihr eigenes wohl gestaltetes Exemplar ziehen.

Gute Pflanzen auswählen

Junge Pflanzen sollten kräftig und gesund sein und ein ausgewogenes Gerüst aus kräftigen Zweigen mit gesunden Blättern haben. Wenn die Pflanzen veredelt sind, achten Sie darauf, dass die Veredelungsstelle (die leichte Verdickung, an der die aufgepfropfte Pflanze auf die Unterlage trifft), einen glatten Übergang ohne einen deutliche Knick im Stamm hat. Das Wurzelsystem sollte den Topf ausfüllen, aber nicht in ihn hineingezwängt sein und nicht aus dem Topfboden wuchern.

Auf was zu achten ist

- Achten Sie darauf, dass die Pflanzenteile über der Erde und das Wurzelsystem in einem ausgewogenen Verhältnis zueinander stehen.
- Kaufen Sie keine Pflanzen, die zu übertriebener Blüte angeregt wurden, um den Verkauf zu fördern. Und wenn doch, entfernen Sie die welken Blüten und düngen Sie die Pflanze.
- Wählen Sie keine Pflanzen, die offensichtlich krank sind oder gelbe Blätter haben, weil sie zu wenig gedüngt wurden.

EINE SCHLECHTE WAHL
Ein zu dichter Wurzelballen zeigt, dass die Pflanze zu lange in ihrem Topf war und sich kein kräftiges Wurzelsystem entwickeln konnte. Das Substrat ist ausgelaugt und kann die neuen Triebe nicht mehr ernähren; die Triebspitzen sterben bereits ab.

EINE GUTE WAHL
Ein ausreichend großer Topf mit gesunden Wurzeln ernährt das harmonische Gerüst aus kräftigen, gleichmäßig verteilten Zweigen mit vielen neuen Trieben. Die zahlreichen Blätter der Scheinkamelie glänzen. Junge und ältere Blätter zeigen eine gesunde, intensive Farbe.

Unausgewogene Exemplare

Ein unausgewogenes Verhältnis von Wurzeln zu Trieben – wenn das Wachstum der oberirdischen Teile zu stark ist und das Wurzelsystem sie nicht ernähren kann – ist der Hauptgrund dafür, dass eine Pflanze nach dem Einpflanzen schlecht wächst. Ergreift man keine korrigierenden Maßnahmen, wird eine solche Pflanze selten gut wachsen. Man kann die Triebe etwa um die Hälfte ihrer Länge zurückschneiden, um einen kräftigen buschigen Wuchs anzuregen. Oder man schneidet einige Triebe bis fast auf die Basis zurück.

KLEINER WURZELBALLEN
Werden alle Triebe um die Hälfte oder einige stark zurückgeschnitten, erhält man ein ausgeglichenes Verhältnis von Wurzeln zu Trieben.

Pflanzschnitt

Ein Pflanze guter Wahl braucht nur einen geringen Pflanzschnitt; man schneidet nur die weichen Triebspitzen, damit die Pflanze buschiger wird oder kürzt überlange Triebe um ein Drittel ein, um eine harmonischere Form zu erzielen. Entfernen Sie routinemäßig schwache und beschädigte Triebe und Triebspitzen. Schneiden Sie nach der Blüte alles Welke ab, damit die Pflanze ihre Energie ins Wachstum statt in die Samenbildung steckt. Prüfen Sie, ob Wurzeln beschädigt sind und wenn ja, entfernen Sie sie. Ziehen Sie Wurzeln heraus, die sich innen um den Topf gewickelt haben. Bei Jungpflanzen aus Stecklingen kann ein zusätzlicher Schnitt nötig sein, um einen buschigen Wuchs anzuregen.

LAUB ABWERFENDE STRÄUCHER
Die Triebspitze der jungen Forsythie wird auf eine kräftige Knospe zurückgeschnitten, um die Verzweigung anzuregen. Es entwickeln sich zwei Seitentriebe als Grundlage für einen buschigen Wuchs.

IMMERGRÜNE STRÄUCHER
Stecklinge von Immergrünen wie der Säckelblume (Ceanothus), *verzweigen sich im ersten Jahr ganz natürlich und brauchen selten zusätzlichen Schnitt.*

ROUTINEARBEITEN

ÜBERPRÜFEN SIE IHRE STRÄUCHER regelmäßig und entfernen Sie alle toten oder kranken Triebe sofort. Machen Sie das Entfernen von welken Blüten und unerwünschten Trieben, wie etwa Wildtrieben, zur Routine. Am wichtigsten ist es, den Boden um die Sträucher frei von Unkraut zu halten und sie im Frühjahr zu düngen, um starkes Wachstum zu fördern. Bringen Sie eine Mulchschicht aus, um Unkraut zu unterdrücken und die Bodenfeuchtigkeit zu halten.

WILDTRIEBE ENTFERNEN

Es gibt verschiedene Arten von Wildtrieben. Manche sind erwünscht, etwa solche, die natürlich wachsen, um den Busch zu verbreitern. Weiche Triebe, die an ungeeigneten Stellen wachsen – oft als Reaktion auf eine Verletzung – oder unterhalb der Veredelungsstelle austreiben, müssen entfernt werden.

WILDTRIEBE ERKENNEN
Die Blattform der Blätter eines Wildtriebs unterscheidet sich von der der veredelten Sorte (hier Zaubernuss, Hamamelis*).*

WILDTRIEBE ENTFERNEN
Verfolgen Sie Wildtriebe bis zum Ansatz am Stamm oder Wurzelstock zurück und reißen Sie sie mit kräftigem Ruck ab. Glätten Sie die Wunde mit einem scharfen Messer und schneiden Sie überstehendes Gewebe sauber ab. Dabei werden auch ruhende Knospen entfernt.

WELKE BLÜTEN ENTFERNEN

Zweck der Blüten ist es, Samen zu bilden, um die Art zu erhalten. Doch es kostet beträchtliche Energie, Samen zu bilden, und man zieht es meist vor, diese Energie in den Neuaustrieb umzulenken. In der Regel schneidet man Verblühtes mit der Schere ab, aber bei manchen Sträuchern, wie etwa Rhododendron, liegen unter den verblühten Blüten verletzliche neue Knospen, und es ist schonender, wenn man sie mit Daumen und Zeigefinger abknipst.

AUSKNIPSEN
Verfolgen Sie den Blütenstiel bis an seine Basis zurück und suchen Sie die neuen Knospen. Knipsen Sie die welke Blüte aus, ohne die neuen Knospen zu verletzen.

NEUE KNOSPEN
Direkt unter dem alten Blütenstiel und auf einer Seite sieht man eine neue Knospe, die gerade anfängt auszutreiben. In diesem Stadium kann sie leicht verletzt werden.

VERWELKTE BLÜTENSTÄNDE ENTFERNEN

Obwohl das Entfernen welker Blüten nicht unbedingt nötig ist und die Sträucher auch wenn man es nicht tut in den nächsten Jahren noch blühen, verhindert man damit eine unerwünschtes Aussamen. Die Energie, die gespart wird, regt gewöhnlich das Wachstum in diesem und die Blütenbildung im kommenden Jahr an. In manchen Fällen, z. B. bei *Buddleja*, kann das sogar zu einer zweiten Blüte führen. Je eher man es nach dem Verwelken macht, umso besser. Einzelne Blüten können einfach mit ihrem Stiel abgeknipst werden. Bei Sträuchern, die Blütenbüschel bilden, schneidet man den ganzen Blütenstand bis auf junge Seitentriebe weiter unten an der Pflanze zurück.

AUSSCHNEIDEN
Schneiden Sie Blütentriebe bis auf eine gesunde Knospe oder einen jungen Seitentrieb zurück; entfernen Sie den ganzen Blütenstand mit einer Schere.

Bei *Buddleja* bilden die unteren Seitentriebe oft kleinere Blütenstände an den Spitzen und schmücken so mit einer zweiten, kleineren Blüte.

RÜCKMUTIERTE TRIEBE AUSSCHNEIDEN

Manchmal bilden Pflanzen ungewöhnliche Triebe, die in Farbe oder Form von der Art abweichen. Man nennt Sie Sprossmutation. Manchmal sind solche Mutationen sehr dekorativ und werden gezüchtet, um begehrte Pflanzen zu bekommen. Viele Zwergkoniferen sind das Ergebnis von Rückmutationen. Wenn der Spross seine ursprüngliche Form zeigt, ist das auf eine Rückmutation zurückzuführen. Panaschierte Pflanzen bilden gelegentlich Triebe mit grünen Blättern. Rückmutierte Triebe sind meist kräftiger als ihre dekorativen Varianten. Wenn man sie nicht entfernt, könnten sie die Pflanze dominieren.

WARUM RÜCKMUTIERTE TRIEBE ENTFERNEN?

- Panaschierte Blätter enthalten weniger Chlorophyll als grüne. Sie wachsen weniger kräftig und werden deshalb leicht dominiert.
- Wenn Zwergkoniferen rückmutieren, sind die Triebe wahrscheinlich kräftiger und aufrechter. Das zerstört die kompakte Wuchsform.

▲ PANASCHIERTE STRÄUCHER
Schneiden Sie rückmutierte Triebe panaschierter Pflanzen heraus, sobald Sie sie entdecken; entfernen Sie sie vollständig am Ansatzpunkt.

Schneiden Sie rückmutierte Triebe am Ansatz aus, zurückbleibende Blätter verdecken den Schnitt.

◄ ZWERGKONIFEREN IN FORM HALTEN
Rückmutierte Triebe wachsen meist aufrechter und zeigen einen für die gewünschte Form untypischen Wuchs. Sie sollten entfernt werden.

ZIERSTRÄUCHER SCHNEIDEN

STRÄUCHER MÜSSEN REGELMÄSSIG von totem, krankem oder beschädigtem Holz befreit werden. Wenn sie sich eine Saison lang entwickeln konnten, sollten Sie in der Ruhezeit beginnen, ein ausgewogenes Grundgerüst von Zweigen zu schaffen. Danach variieren die Schnitttechniken, die die Wirkung steigern sollen: Sträucher wie Seidelbast (*Daphne*) und Zaubernuss (*Hamamelis*) brauchen nur wenig oder gar keinen Schnitt, andere sehen am besten aus, wenn man sie jährlich schneidet.

FORMSCHNITT

Die meisten Laub abwerfenden Sträucher müssen in einem gewissen Maß geschnitten werden, um einen Aufbau zu schaffen, der Licht und Luft ins Zentrum des Strauchs lässt und starkes, gesundes Wachstum fördert. Sträucher, die am diesjährigen Holz blühen (nach dem Hochsommer) schneidet man jedes Frühjahr auf das Grundgerüst zurück, es ist deshalb wichtig, von Anfang an einen Bestand starker Äste zu ziehen. Für Sträucher, die im Frühling am älteren Holz blühen, ist eine im Zentrum lichte Form noch wichtiger. Entfernen Sie über Kreuz wachsende oder dicht stehende Äste, und schneiden Sie sie auf eine Knospe zurück, die nach außen zeigt. Immergrüne Sträucher entwickeln meist von Natur aus eine hübsche Form und brauchen nur wenig Formschnitt. Wenn nötig, entfernen Sie erfrorene oder schwache Zweige und kürzen überlange Triebspitzen ein.

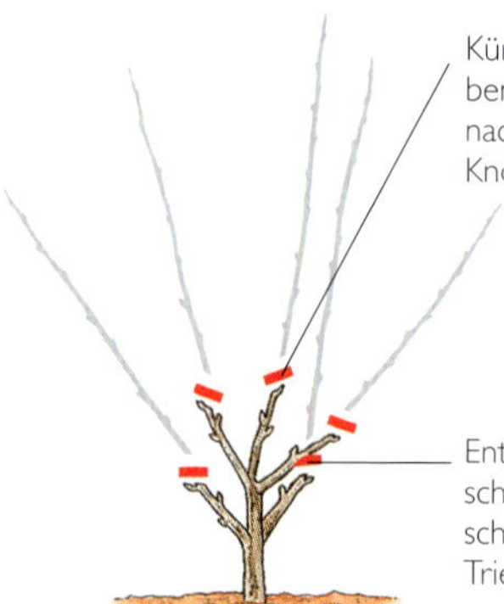

EIN GUTER START

- Bei Sträuchern, die am diesjährigen Holz blühen, stellen Sie sich die Anfangsform für ein Grundgerüst wie eine geöffnete Hand vor, die Handfläche nach oben und die Zweige gleichmäßig um die Handfläche verteilt.
- Weil Sträucher, die am älteren Holz blühen, von Jahr zu Jahr einen größeren Anteil ihrer Äste behalten, bilden sie viel eher ein Gewirr von Ästen im Zentrum, wenn sie als junge Pflanzen nicht gut erzogen werden.

▲ EIN NIEDRIGER RAHMEN
Ein Rahmen aus starken Ästen ist das perfekte Grundgerüst für Sträucher, die am diesjährigen Holz blühen; es vergrößert sich mit zunehmendem Wachstum.

▶ EIN OFFENES ZENTRUM
Ein früher Schnitt sorgt für einen gut geformten Strauch, der auch im Alter kein Wirrwarr von Ästen hat. Entfernen Sie unerwünschte Äste, solange sie klein sind und die Pflanze jung ist.

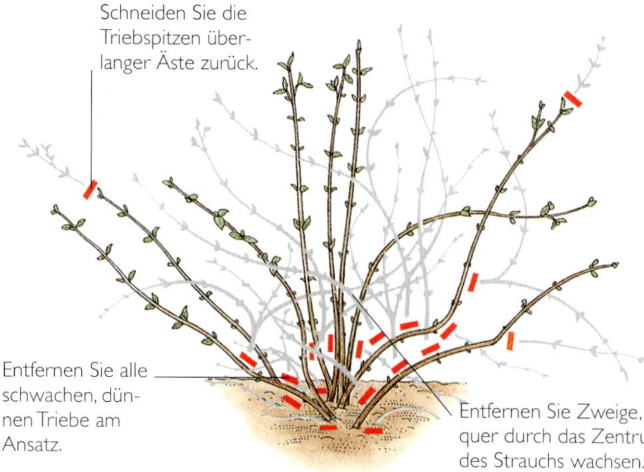

Früh blühende, ältere Sträucher schneiden

Um die Blüte zu fördern, ist bei allen älteren Sträuchern der Schnittzeitpunkt entscheidend. Wenn Sie zur falschen Zeit schneiden, kann es sein, dass Sie die meisten der Blütentriebe der kommenden Saison entfernen. Sträucher, die früh im Jahr blühen, zwischen spätem Winter und Hochsommer, blühen am vorjährigen Holz. Schneiden Sie sie jedes Jahr direkt nach der Blüte, damit sie eine Fülle neuer starker Triebe in der Wachstumsperiode bilden können, die die Blüten des folgenden Jahres tragen.

GUTE BEISPIELE

Deutzia blüht von Frühjahrsmitte bis Hochsommer
Forsythia zwischen spätem Winter und Frühlingsmitte
Lonicera fragrantissima im späten Winter und zeitigen Frühjahr
Philadelphus im Sommer
***Spiraea* 'Arguta'** im Frühling

STÄNDIGE ERNEUERUNG
Wenn man alte Triebe, die immer weniger blühen, entfernt, werden sie durch kräftigere, reicher blühende junge Triebe ersetzt.

Sträucher mit Bodentrieben schneiden

Manche Sträucher entwickeln als Neutriebe elegant wirkende Boden- oder Langtriebe an der Basis. Hier würde das Kürzen der Blütentriebe zu einem unausgewogenen, kopflastigen Busch führen, deshalb schneidet man die Blütentriebe bis zur Basis oder auf kräftige Knospen oder Seitentriebe nahe der Basis zurück. Bei Frühblühern schneidet man nach der Blüte, blühen sie nach dem Hochsommer, schneidet man im zeitigen Frühjahr.

GUTE BEISPIELE

Cytisus scoparius und Sorten: von Jugend auf jährlich nach der Blüte im späten Frühjahr schneiden. ***Cytisus*** treibt nicht aus altem Holz.
Leycesteria formosa blüht im späten Sommer; schneiden Sie im zeitigen Frühjahr.
Euphorbia characias nach der Blüte im Hochsommer schneiden; lassen Sie alle nicht blühenden Triebe stehen. Vorsicht: reizender Saft.

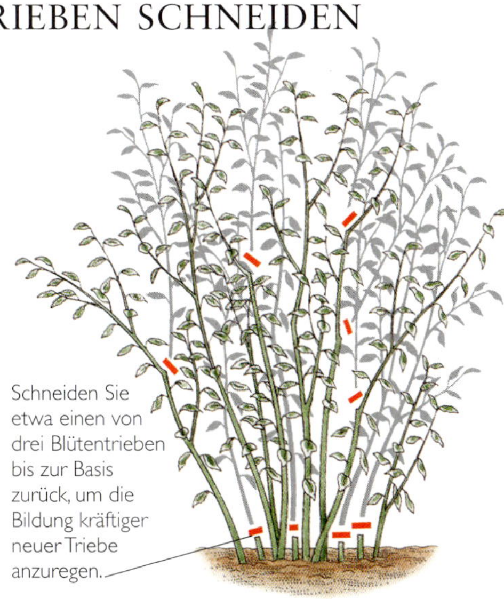

KERRIA JAPONICA SCHNEIDEN
Schneiden Sie nach der Blüte im Frühling; die neuen, erbsengrünen Bodentriebe und das hellgrüne Laub haben im Sommer große Wirkung.

Spät blühende Laub abwerfende Sträucher

Spät blühende, Laub abwerfende Sträucher, die zwischen Hochsommer und Spätherbst blühen, tragen die Blüten an den neuen diesjährigen Trieben. Sie werden jedes Jahr im Frühling geschnitten, wenn die neuen Knospen beginnen anzuschwellen. Die Blütentriebe des vergangenen Jahrs werden auf das Astgerüst zurückgeschnitten (*siehe S. 40*) und dürfen gewöhnlich etwas länger bleiben, wenn der Strauch älter wird. Sie können die Höhe des Grundgerüsts dieser Sträucher auch variieren, um in einer großen Strauchrabatte eine Staffelung zu errreichen. Diese Technik ist vor allem bei Sträuchern nützlich, die kräftig, aber etwas zart sind, so wie Kap-Fuchsie (*Phygelius*) und *Clerodendrum bungei*, da alle im Winter beschädigten Triebe zurückgeschnitten werden. Bei diesen wartet man mit dem Schnitt am besten, bis keine Frostgefahr mehr besteht.

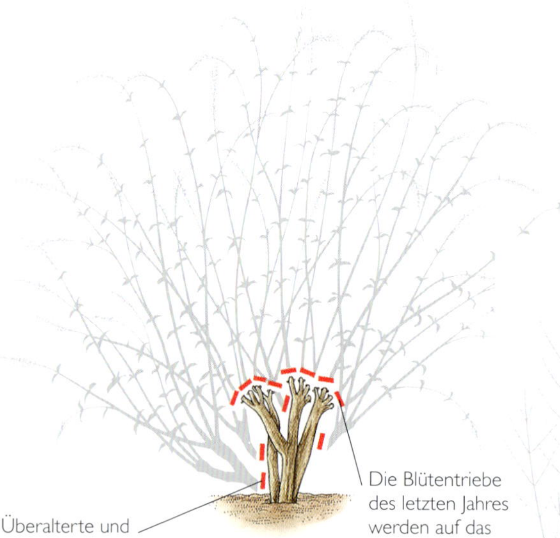

◀ *BUDDLEJA DAVIDII* SCHNEIDEN
Wenn im Frühjahr die Knospen austreiben, werden alle vorjährigen Triebe auf zwei bis drei Paar gesunder Knospen des verholzten Astgerüsts zurückgeschnitten. Eventuell brauchen Sie eine Astschere, um die alten Äste auszulichten.

GUTE BEISPIELE

Buddleja-davidii*-Sorten, *B. crispa*, *B. fallowiana*, *B.* 'Lochinch'** 🏆, ***B.* × *weyeriana und andere, spät blühenden Buddlejas

Caryopteris* × *clandonensis und Sorten, mit Büscheln blauer Blüten im Spätsommer und Herbst

***Clerodendrum bungei*,** pinkfarbene Blüten von Spätsommer bis Herbst

Indigofera amblyantha 🏆, ***I. heterantha*** 🏆, Trauben erbsenähnlicher Blüten von Sommer bis Herbst

Phygelius aequalis*, *P. capensis 🏆, ***P.* × *rectus*** und Sorten, Trauben von gelben bis roten röhrenförmigen Blüten von Hochsommer bis Herbst

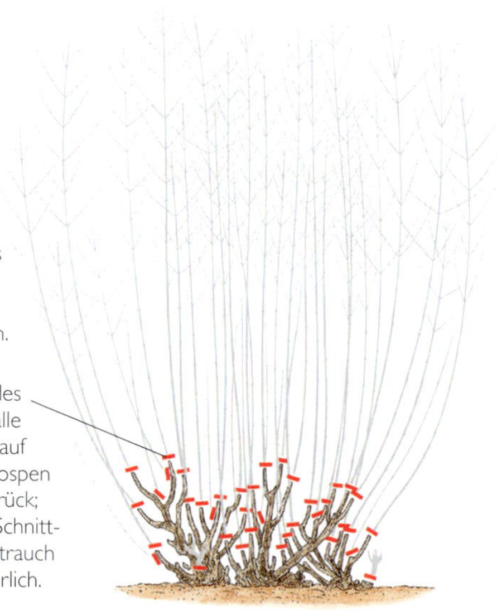

▲ *PEROVSKIA* SCHNEIDEN
Bei regelmäßigem Schnitt treibt Perovskia *aus dem Grundgerüst viele Jahre kräftige Blütentriebe.*

◀ ALTES ASTGERÜST SCHNEIDEN
Wenn die Pflanze alt wird, wird das Grundgerüst zu dicht, und die ältesten Teile produzieren kaum noch Triebe; man sollte sie im Frühling entfernen.

LAVENDEL UND GLOCKENHEIDE SCHNEIDEN

Dazu gehören auch andere niedrige, buschige Immergrüne, die im Frühjahr oder Sommer blühen. Solche, die im Winter oder Frühling blühen, wie einige Glockenheide-Arten, werden nach der Blüte geschnitten, spät blühende Arten wie Lavendel schneidet man im Frühjahr. Zu der Gruppe gehören mehrere mediterrane Pflanzen mit grauem Laub, die wegen ihrer Blätter und Blüten geschätzt werden. In heißen, trockenen Klimazonen können sie direkt nach der Blüte stark zurückgeschnitten werden. Viele sind in sehr harten, feuchten Wintern nicht zuverlässig winterhart. Dann ist es sicherer, nur verwelkte Blüten zu entfernen und den richtigen Schnitt ins frostfreie Frühjahr zu verschieben.

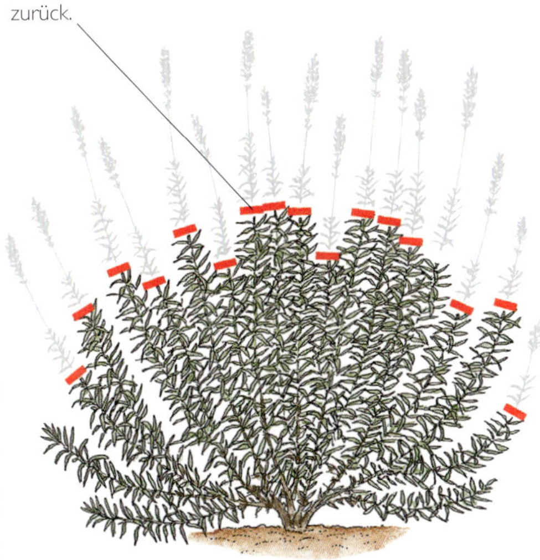

GEEIGNETE ARTEN

***Artemisia arbrotanum*, A. 'Powis castle':** werden wie Lavendel in kalten Klimaten geschnitten.

Calluna vulgaris und Sorten: sind sehr winterhart und werden im Frühjahr geschnitten.

Erica carnea*, *E.* × *darelyensis und Sorten: werden im Frühling geschnitten.

***E. cinerea*:** wird im zeitigen Frühjahr leicht geschnitten.

***Santolina-Arten*:** werden wie Lavendel in kalten Klimaten geschnitten.

◄ BUSCHIGE IMMERGRÜNE SCHNEIDEN
*Schneiden Sie alle diesjährigen Triebe auf 1,5–2,5 cm auf die vorjährigen Triebe zurück; spät blühende Arten im Frühjahr, früh blühende nach der Blüte. In kalten Regionen schneidet man empfindlichere Arten und Sorten wie Lavendel nur schwach (*siehe unten*).*

VERWELKTES IM HERBST AUSSCHNEIDEN
In Regionen mit kalten Wintern entfernt man verwelkte Blüten im Herbst, um die Pflanze auszuputzen. Verbleibende Triebspitzen bieten den weiter unten liegenden Knospen Frostschutz.

FRÜHJAHRSCHNITT
Wenn die Frostgefahr gebannt ist, vollenden Sie den Schnitt, indem Sie verbliebene Triebe stark zurückschneiden. Das kann man schnell und effektiv mit einer Gartenschere erledigen.

HORTENSIEN (*HYDRANGEA*) SCHNEIDEN

Die verbreitetsten Hortensien, *Hydrangea macrophylla*-Sorten, tragen an den vorjährigen Triebspitzen Blüten. Es gibt zwei Blüten-Typen: Tellerhortensien mit großen sterilen Blüten um ein Zentrum kleiner, fertiler Blüten und die Gartenhortensien mit kugelförmigen, meist sterilen Blüten. Nahezu alle blühen auch ohne Schnitt gut, aber sie wirken noch besser, wenn man sie richtig schneidet. Sie brauchen einen kleinen Formschnitt. Wenn sie sich einmal entwickelt haben, schneidet man jedes Jahr einen oder zwei der alten Triebe auf die Basis zurück, um den Neuaustrieb anzuregen. Schneiden Sie die Blütentriebe bis auf dicke Knospen am alten Holz zurück, sie bilden die Blüten im nächsten Jahr.

Kürzen sie die Blütentriebe um bis zu 30 cm auf ein Paar dicker, gesunder Knospen ein.

Schneiden Sie schwache und einen oder zwei der ältesten Triebe an der Basis heraus.

SCHNITTTERMIN

- In warmen Regionen schneidet man die Sorten von *Hydrangea macrohylla* direkt nach der Blüte.
- In kalten Regionen verschiebt man den Schnitt besser auf die Mitte des Frühlings. Die alten, verwelkten Blütenstände bieten dem Neuaustrieb einen gewissen Frostschutz.

HYDRANGEA MACROPHYLLA
Sie sind langlebig und vertragen einen sehr starken Schnitt. Vernachlässigte Sträucher können im Frühjahr bis auf den Boden zurückgeschnitten werden, um sie zu verjüngen, sie blühen dann aber erst wieder im zweiten Jahr.

WIE MAN *HYDRANGEA PANICULATA* SCHNEIDET

Hydrangea paniculata sowie *H. arborescens* und ihre Sorten tragen im Spätsommer konische Blütenstände am diesjährigen Holz. Sie blühen auch ohne Schnitt gut, aber die Blütenköpfe werden viel größer, wenn man die Pflanzen jedes Frühjahr, bevor sie austreiben, auf das Grundgerüst zurückschneidet. Nach dem Pflanzen sollte man ein Astgerüst aus vier oder fünf Haupttrieben ziehen (*siehe S. 40*). Dieses Gerüst kann 25 cm, 60 cm oder höher sein, um als Kulisse für eine Rabatte zu dienen.

GRUNDGERÜST SCHAFFEN
Schneiden Sie jedes Frühjahr alle vorjährigen Triebe auf ein Paar gesunder Knospen zurück, die so nah wie möglich am Astgerüst liegen.

NACH DEM SCHNITT
Ziel ist ein niedriges Astgerüst mit viel Raum. Hortensien haben gegenständige Knospen; jeder Trieb bildet zwei Blütentriebe.

Immergrüne schneiden

Die meisten Immergrünen müssen nur wenig geschnitten werden, man muss lediglich regelmäßig schwache, tote oder kranke Triebe sowie Verblühtes entfernen und widerspenstige Zweige kürzen, soweit sie nicht zierende Früchte tragen. Immergrüne erleiden im Winter oft Frostschäden sowie Schneebruch oder Frosttrocknis durch kalte, trockene Winde. Das Entfernen solcher Winterschäden verschiebt man bis in den Sommer, wenn alle Frostgefahr vorbei ist. Schneiden Sie beschädigte Triebe bis auf gesunde junge Triebe oder Knospen am unbeschädigten Holz zurück. Der Zeitpunkt für den Routine-Schnitt ist bei Immergrünen nach der Blüte bei solchen, die im späten Winter bis zum zeitigen Frühjahr blühen, und in der Frühjahrsmitte für Sommerblüher.

MINIMALER SCHNITT
*Schneiden Sie bei Immergrünen wie Kamelien, Scheinbeere und Rhododendron in der Frühjahrsmitte nur alle überlangen oder störenden Triebe zurück. Entfernen sie welke Blüten, wenn Sie keine Früchte möchten (*siehe S. 38*).*

Ältere Immergrüne schneiden

In der Frühjahrsmitte schneidet man wuchernde Triebe sowie krankes, beschädigtes oder totes Holz heraus. Neutriebe verdecken die Schnittstellen bald. Lichten Sie einen zu dichten Wuchs oder schlecht platzierte Zweige aus; das ist vor allem in Gebieten mit starken Schneefällen wichtig. Entfernen Sie welke Blüten. Schneiden Sie auf einen gesunden, nicht blühenden Seitentrieb zurück.

GUTE BEISPIELE

Aucuba japonica und Sorten, Frühjahrsmitte
Carpenteria californica ♀, nach der Blüte
Eucryphia × ***nymansensis*** und Sorten, Mitte bis spätes Frühjahr
Pieris japonica und Sorten, nach der Blüte
Prunus lusitanica ♀, spätes Frühjahr
Skimmia japonica und Sorten, Frühjahrsmitte

AUSGEWACHSENE IMMERGRÜNE
Obwohl die meisten Immergrünen nur einen leichten Schnitt benötigen, tolerieren viele wie Aukuben, Berberis darwinii *und* Prunus laurocerasus *einen starken Schnitt zur Verjüngung.*

STRÄUCHER VERJÜNGEN

BEI EINEM ÄLTEREN ODER ÜBERNOMMENEN GARTEN ist man oft mit vernachlässigten und wuchernden Sträuchern konfrontiert. Wenn sie prinzipiell gesund sind und einen starken Schnitt vertragen, können viele mit einem kräftigen Rückschnitt verjüngt werden. Kurzlebige, die im Alter auf einen starken Schnitt nicht gut reagieren wie etwa Santolina und Lavendel, ersetzt man am besten. Es ist auch einfacher, gängige schnell wachsende Sträucher wie *Ribes sanguineum* zu ersetzen.

EINEN VERNACHLÄSSIGTEN STRAUCH VERJÜNGEN

Laub abwerfende Sträucher verjüngt man in der Ruhephase zwischen Herbst und zeitigem Frühjahr, Immergrüne, wenn sie Mitte des Frühlings austreiben. Es kann sein, dass Sie in einer Saison auf die Blüte verzichten müssen, aber der Lohn ist ein verjüngtes, viele Jahre blühendes Exemplar. Man kann einen Strauch auch zum normalen Schnitttermin erneuern. Früh blühende Sträucher wie *Philadelphus* können direkt nach der Blüte stark geschnitten werden, ohne Verlust der nächstjährigen Blüte. Wenn es Zweifel gibt, ob der Strauch einen drastischen Schnitt gut verträgt, sollte man in zwei oder drei Schritten verjüngen. Düngen und mulchen Sie nach dem Schnitt, um kräftiges Wachstum zu fördern.

PHILADELPHUS VERJÜNGEN
Damit der Strauch in der Rabatte präsent bleibt, schneidet man im ersten Jahr die Hälfte der ältesten Äste an der Basis zurück und konzentriert sich dabei auf über Kreuz wachsende und aneinander reibende Äste sowie totes, krankes und beschädigtes Holz.

Kürzen sie alle Seitentriebe der Haupttriebe, die quer durch die Mitte des Strauchs wachsen, auf eine Knospe ein.

Kürzen Sie verbleibende gesunde Triebe um die Hälfte ein, und schneiden Sie sie auf eine Knospe oder einen kräftigen Seitentrieb zurück, damit das Zentrum licht bleibt.

Schneiden Sie tote oder beschädigte Triebe an der Basis, über Kreuz wachsende sowie aneinander reibende bis zur Hälfte der ältesten Äste bis auf 5–8 cm über dem Boden zurück.

ERSATZ ZIEHEN

Kann ein kranker Strauch nicht durch heilende Maßnahmen gesunden, ersetzt man ihn besser. Pflanzen, die einen starken Schnitt in jungen Jahren tolerieren, vertragen ihn im Alter nicht unbedingt. Ziehen Sie rechtzeitig Ihre Lieblingspflanzen heran.

ÄSTE KÜRZEN
Schneiden Sie gesunde Zweige bis auf einen kräftigen Seitentrieb oder eine gesunde Knospe zurück. Bei den meisten Sträuchern ist das Holz jüngerer Triebe etwas heller, die Borke weicher.

ÄSTE ENTFERNEN
Schneiden Sie dünnere Äste mit einer Gartenschere an der Basis ab. Für dickere Äste verwenden Sie eine Baumsäge oder Astschere. Achten Sie darauf, verbleibende Äste nicht zu beschädigen.

Verjüngung Schritt für Schritt

Große Sträucher und solche, bei denen nicht sicher ist, wie sie auf eine drastische Verjüngung reagieren, verjüngt man über zwei oder drei Jahre. Viele Immergrüne könnten sonst einen Schock erleiden und eingehen oder nur schwache Triebe bilden, wenn alle Blätter auf einmal entfernt werden. Nachdem man alles tote Holz entfernt hat, nimmt man sich im ersten Jahr die ältesten und wenig produktiven Zweige vor.

VERNACHLÄSSIGTER RHODODENDRON

Im ersten Jahr entfernt man mitten im Frühjahr alles tote, kranke und beschädigte Holz. Dann nimmt man bis zu einem Drittel der ältesten und wenig produktiven Haupttriebe heraus. Eventuell müssen Sie für ein ausgewogenes Grundgerüst den Neuaustrieb auslichten.

Im zweiten und dritten Jahr entfernen Sie die Hälfte der verbliebenen alten Äste, so dass zum Schluss alles alte Holz durch neues ersetzt ist.

Schneiden Sie die alten Äste mit einer Baumsäge bis auf die Basis zurück. Veredelte Sträucher, auch Rhododendren, dürfen nur bis knapp über der Veredelungsstelle. zurückgeschnitten werden.

Drastische Verjüngung

Einige Laub abwerfender Sträucher wie etwa Flieder (*Syringa sp.* und Sorten) tolerieren den stärksten Schnitt. Sie können während der Ruhephase auf einmal erneuert werden. Man lässt die kräftigsten Äste stehen und dünnt den Rest aus. Würde man das nicht tun, hätte man schließlich einen hässlichen, zugewucherten Strauch, der kaum anmutig anzusehen und außerdem anfälliger für Krankheiten wäre.

NEUAUSTRIEB

Der Neuaustrieb wird kräftig, und es entstehen viele neue Triebe. In der nächsten Ruhephase lichten Sie sie bis auf zwei oder drei gleichmäßig verteilte kräftige Triebe pro Stumpf aus.

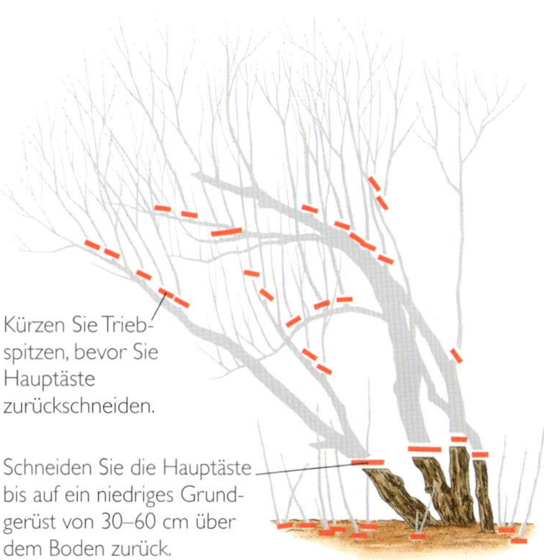

Kürzen Sie Triebspitzen, bevor Sie Hauptäste zurückschneiden.

Schneiden Sie die Hauptäste bis auf ein niedriges Grundgerüst von 30–60 cm über dem Boden zurück.

EIN VERNACHLÄSSIGTER FLIEDER

Schneiden Sie bei veredelten Pflanzen nicht unterhalb der Veredelungsstelle; entfernen Sie Wildtriebe an der Basis, sie treiben aus dem Wurzelstock aus. Die schwersten Äste sägt man ab, bevor man sie an der Basis herausschneidet.

Topiary

Mit Topiary erzeugt man durch knappen, aber regelmäßigen Schnitt eine Art lebender Figuren, und zwar meistens aus Immergrünen. Traditionell wurde eine Reihe von geometrischen Figuren wie Kegel oder Obelisken geformt, um formale Gärten zu schmücken. Sie passen auch in kleine Gärten, um etwa einen Eingang zu flankieren. Komplizierte Formen wie Vögel, Tiere oder Schriftzüge sind schwieriger, machen aber auch mehr Spaß.

Formen und Effekte

Pflanzen, die man für Topiary verwendet, müssen einen dichten Wuchs und geschmeidige Triebe haben sowie einen mäßigen, aber regelmäßigen Schnitt vertragen. Wenn sie eine feine Textur haben und eine klarer Umriss erwünscht ist, sollten sie außerdem kleine Blätter besitzen, wie der beliebte Buchsbaum (*Buxus sempervirens*). Es ist auch sehr wichtig, dass die verwendete Art völlig winterhart und an die Bodenverhältnisse angepasst ist; Absterben und Austrocknen zerstören rasch eine klare Form. Schlichte Formen erhält man einfach durch Schnitt, kompliziertere zieht man auf einem Drahtgestell.

SPEZIELLE EFFEKTE
Einfache und trotzdem attraktive Formen erhält man, indem man Schnitt und Erziehung kombiniert. Schneiden Sie ein- oder zweimal pro Jahr ganz exakt.

Ein Lorbeer (*Laurus nobilis*) in Kugelform wird als Hochstämmchen gezogen und regelmäßig geschnitten.

STANDARD

Diese Form wurde mit Hilfe einer Schablone für den Abstand vom Stamm gefertigt.

QUASTEN

Eine leicht zu schneidende Form, vor allem für Wacholder, Buchsbaum, Eibe oder Zypresse.

KEGEL

FÜR TOPIARY GEEIGNETE PFLANZEN

Artemisia abrotanum (für kurzlebige Zwecke)
Berberis
Buxus microphylla, B. sempervirens und Sorten
Crataegus monogyna
Cupressus sempervirens
Elaeagnus angustifolia, Euonymus fortunei Sorten
Ficus benjamina
Hedera helix (auf Drahtgestellen)
Ilex × altaclerensis und I. aquifolium (Stechpalme)
Juniperus communis
Laurus nobilis
Ligustrum ovalifolium
Lonicera nitida
Myrtus communis (Myrte)
Osmanthus
Phillyrea
Prunus lusitanica
Santolina chamaecyparissus (für kurzlebige Zwecke)
Teucrium chamaedrys (für kurzlebige Zwecke)
Taxus baccata (Eibe)

In Form schneiden

Für einen präzisen Schnitt muss das Werkzeug richtig scharf sein. Nehmen Sie sich Zeit und treten Sie immer wieder einen Schritt zurück, um Unregelmäßigkeiten zu entdecken. Schneiden Sie an einer Stelle nicht zu viel auf einmal, arbeiten Sie die Form lieber nach und nach heraus. Sie machen dann weniger leicht Fehler, die man nur über mehrere Wachstumsperioden korrigieren kann. Arbeiten Sie von oben nach unten und von innen nach außen, gehen Sie von einer Seite zur anderen, um Ausgewogenheit und Symmetrie zu erreichen. Orientieren Sie sich am besten an geraden Kanten.

1 **Im ersten Jahr** wird dieser junge Buchsbaum (*Buxus*) mit einer Gartenschere grob in Form geschnitten. Dies fördert den buschigen Wuchs.

2 **Im zweiten Jahr** benutzt man einen Dreifuß aus Bambusstäben und Drahtschlaufen als Schablone. Der Busch erhält eine präzise Kegelform.

3 **Im dritten und in den folgenden Jahren** wird die fertige Pflanze zwei- oder dreimal jährlich nachgeschnitten, damit die glatte Oberfläche erhalten bleibt.

Kugelbäumchen

Kugelige Hochstämme wie diese Lorbeerbäume (*Laurus nobilis*) sind teuer, aber man kann sie selbst ziehen. Schneiden Sie eine junge Pflanze mit geradem Stamm bis auf ein Büschel Seitentriebe an der Triebspitze zurück und kürzen Sie diese auf nach außen zeigende Knospen. Halten Sie den Stramm frei, indem Sie alle Knospen, sobald sie erscheinen, ausbrechen. Wenn neue Triebe in der Krone austreiben, kappt man ihre Spitzen.

PFLEGE

Lassen Sie die Pflanze in frostgefährdeten Gegenden an einem geschützten Ort überwintern. Düngen Sie im Frühjahr zu Beginn der Wachstumsphase und halten Sie die Erde feucht. Ein Wassersprüher hilft bei staubigen Blättern.

1. JAHR

2. JAHR

HECKEN

HECKEN SIND DIE PERFEKTE KULISSE für die übrigen Pflanzen, sie bieten Schutz und Privatsphäre und halten starke Winde sowie Staub und Lärm ab. Wählt man die richtige Art, bieten sie sogar Nahrung und wertvolle Nistplätze für Vögel. Sie können Hecken auswählen, die zu einem formalen Garten passen und regelmäßig geschnitten werden müssen, oder solche, die mehr mit einem naturnahen Garten harmonieren und seltener geschnitten werden müssen.

FORMSCHNITT

Der Formschnitt ist für eine Hecke lebenswichtig, wenn sie an der Basis dicht mit Blättern bedeckt sein und im Alter reich verzweigte Äste haben soll. Kürzen Sie die starken Leittriebe und Seitentriebe um ein Drittel ihrer Länge und schwache Triebe um zwei Drittel. Schneiden Sie kräftige Arten, wie etwa Weißdorn, auf 15–30 cm zurück, um eine buschige Basis zu fördern.

VERZWEIGTE FORM *Ein früher Schnitt führt dazu, dass sich die Äste dicht verzweigen und viele Seitentriebe.*

SCHNITTMETHODEN

Das benötigte Werkzeug richtet sich nach der Größe der Hecke. Eine große, streng geschnittene Hecke verlangt gewöhnlich nach einer elektrischen Heckenschere. Es wäre sehr Zeit raubend, sie mit einer Handschere zu schneiden, auch wenn man damit eine glattere Oberfläche erhält. Hecken mit großen Blättern schneidet man mit der Gartenschere; mit anderen Methoden zerschneidet man die Blätter und hinterlässt unansehnliche Lücken. Halten Sie alle Schnittwerkzeuge scharf, sauber und gut geölt. Benutzen Sie nur elektrische Geräte mit einem Schutzschalter (F1-Schalter) und vor allem niemals bei feuchter, nasser Witterung.

HANDSCHEREN *Halten Sie die Klingen parallel zur Heckenoberfläche, so dass die Oberfläche und die Seiten gleichmäßig und glatt geschnitten werden und nicht versehentlich Löcher entstehen.*

ELEKTRISCHE HECKENSCHERE *Tragen Sie beim Arbeiten eine Schutzbrille. Halten Sie sie parallel zur Oberfläche und machen Sie weite, gleitende Bewegungen, so dass Sie nicht in die Hecke schneiden.*

GARTENSCHERE *Formale Hecken mit großen Blättern wie Stechpalme und Lorbeer sollte man nie mit der Heckenschere schneiden. Bei einer Gartenschere bleiben die Schnitte unsichtbar.*

Formal oder nicht formal?

Pflanzen für formale Hecken müssen einen dichten Wuchs haben und einen regelmäßigen Schnitt tolerieren; je kleiner die Blätter sind, umso glatter wird die Oberfläche. Die meisten nicht formalen Hecken werden im Hochsommer und Herbst geschnitten. Kräftigere Arten wie *Chamaecyparis*, *Crataegus*, *Lonicera nitida*, *Ligustrum* und *Thuja* müssen im späten Frühjahr, Sommer und Herbst geschnitten werden. Eine nicht formale Hecke ist eine Reihe von dicht gepflanzten Sträuchern. Der Schnitt erfolgt einmal im Jahr im Frühjahr oder nach der Blüte.

Pflanzen für Hecken

FORMALE	NICHT FORMALE
Berberis	*Aucuba japonica*
Buxus sempervirens	*Chaenomeles*
Chamaecyparis lawsoniana	*Corylus*
Crataegus laevigata	*Cotoneaster*
Fagus sylvatica	*Forsythia*
Ilex	*Potentilla fruticosa*
Ligustrum	*Prunus cerasifera*
Lonicera nitida	*Ribes sanguineum*
Taxus baccata	*Rosa rugosa*
Thuja plicata	*Tamarix*
	Weigela

Eine formale Hecke schneiden

Obwohl ihre Seiten meist sehr senkrecht aussehen, sind formale Hecken fast immer etwas schräg oder neigen sich nach innen, die Basis ist die breiteste Stelle. Sie sind für Schnee- oder Windbruch weniger anfällig und erlauben einen gleichmäßigeren Lichteinfall.

Schräge Seiten

- Schräge Seiten ermöglichen, dass das Licht auch auf die unteren Partien einer Hecke fällt. So kann sie gleichmäßiger wachsen.
- Hecken mit schrägen Seiten erleiden weniger Schneebruch, trotzdem sollte man den Schnee immer von der Oberfläche entfernen.

SICH VERJÜNGEND
Diese Form lässt das Licht gut herein und vermindert das Risiko von Schneebruch.

A-FORM
Diese klassische Heckenform neigt sich leicht bis zur flachen Oberseite.

Wie man eine Schablone benutzt

Wenn man eine Hecke schneidet, sollte man eine straff gespannte Schnur an der Oberfläche der Hecke als Hilfe benutzen. Ein Holzrahmen oder eine Schablone – leicht aus einem Stück Sperrholz hergestellt – ist eine unverzichtbare Hilfe, speziell in den ersten Jahren. Sie liefert eine präzise Vorgabe, nach der man viel zuverlässiger schneiden kann als nach Augenmaß. Wenn die Grundform einmal steht und man sicherer ist, kann man sie beiseite legen.

Schneiden Sie die Hecke, indem sie der Schablone folgen.

Eine straff gespannte Schnur zwischen zwei Pfosten dient beim Schneiden der Oberfläche als Richtschnur.

Die Holzschablone über der Hecke wird beim Schneiden mitbewegt.

HOLZ-SCHABLONE

ÜBERALTERTE HECKEN VERJÜNGEN

VERNACHLÄSSIGTE UND ÜBERWUCHERTE HECKEN mit toten Stellen und einer kahlen Basis mögen ein unerwünschtes Erbe sein, aber sogar gut erhaltene Hecken wuchern gelegentlich über ihre Grenzen. Sie ganz herauszureißen und neue zu pflanzen ist eine kostspielige Angelegenheit und macht Schutz und Privatsphäre zunichte. Doch viele Hecken vertragen eine Erneuerung gut, und der Versuch lohnt sich immer, selbst wenn man sie letztendlich ersetzen muss.

VERSCHMÄLERN

Damit sie eine Erneuerung gut vertragen, müssen sich Heckenpflanzen am alten Holz verzweigen können. Vor allem Koniferen (mit Ausnahme der Eibe) vertragen einen strengen Schnitt nicht gut, sie ersetzt man besser. Auch bei Pflanzen, die den Schnitt gut vertragen, muss man damit rechnen, dass die Erneuerung mehr als zwei Jahre dauert. Schneiden Sie in den ersten beiden Jahren jeweils eine Seite. Mit der Verringerung der Höhe wartet man besser bis zum dritten Jahr. Da man beachtliche Mengen von lebendem Holz entfernt, ist es wichtig, die Pflanzen gut zu düngen und zu mulchen damit sie sich erholen.

SCHRITTWEISE ERNEUERUNG

Auch bei Pflanzen, die einen starken Schnitt vertragen, verspricht eine schrittweise Verjüngung mehr Erfolg. Dadurch vermeidet man es, die Pflanze zu überfordern. Handeln Sie vorausschauend, düngen und mulchen Sie die Pflanze gut in der Saison, bevor Sie mit der Verjüngung beginnen.

ÄSTE AUSLICHTEN
Verwenden Sie eine Baumschere und Baumsäge, um zu dichtes oder totes Holz bis zur Basis zurückzuschneiden. Der Neuaustrieb sorgt dafür, dass die Pflanze gut belaubt ist.

WAS UND WANN MAN SCHNEIDET

Immergrüne Hecken erneuert man am besten im zeitigen Frühjahr, Laub abwerfende im Winter in der Ruhephase. Sie brauchen eine Gartenschere und eine Astschere, eine Baumsäge und dicke Arbeitshandschuhe. Nehmen Sie sich immer nur eine Seite vor, legen Sie den neuen Umriss der Hecke mit Stäben und Schnüren fest. Entfernen Sie alles, was über diese Linien hinaus wächst, außerdem alle toten oder zu dichten Zweige. Arbeiten Sie von unten nach oben. Geben Sie einen Volldünger und Mulch aus gut verrottetem organischen Material für eine kräftigen Neuaustrieb.

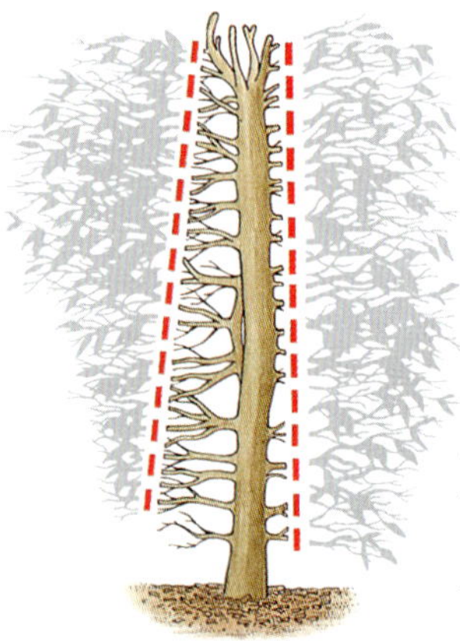

1. JAHR
Schneiden Sie eine Seite der Hecke im ersten Jahr stark zurück und die andere Seite wie üblich zur gewohnten Zeit.

2. JAHR
Der starke Schnitt führt zu einem dichten Neuaustrieb. Schneiden Sie die andere Seite im zweiten Jahr genauso zurück.

Die Höhe zurücknehmen

Um eine dichte, gleichmäßige Oberfläche zu bekommen, reduziert man die Höhe um wenigstens 15 cm unter die gewünschte endgültige Höhe. Wenn die oberen Teile der Hecke sehr lückenhaft sind, müssen Sie die Höhe noch mehr zurückzunehmen. Wenn die Höhe stark reduziert werden muss, machen Sie dies im dritten Jahr der Erneuerung. Benutzen sie eine gerade gespannte Schnur zwischen hohen Stäben als Leitschnur, um alle Pflanzen in der gleichen Höhe zu schneiden. Düngen und mulchen Sie nach dem Schneiden gut. Es wird ein oder zwei Jahre dauern, bis der Neuaustrieb die Wunden verdeckt.

KAHLE ÄSTE
Ist die Oberfläche der Hecke sehr dünn und lückenhaft, müssen Sie einen drastischen Schnitt durchführen.

PFLANZEN, DIE EINE ERNEUERUNG GUT VERTRAGEN

Carpinus betulus, Hainbuche, Laub abwerfende Hecke; im Herbst oder Frühwinter erneuern.
Corylus avellana, Haselnuss, Laub abwerfende Hecke; im Herbst oder Frühwinter erneuern.
Crataegus monogyna, Weißdorn, Laub abwerfende Hecke; im Winter erneuern.
Escallonia rubra, immergrüne Hecke; im Frühjahr erneuern.
Fagus sylvatica, Buche, Laub abwerfende Hecke; im Herbst oder Frühwinter erneuern.
Ilex aquifolium, Stechpalme, immergrüne Hecke; im Frühjahr erneuern.
Prunus spinosa, Gewöhnliche Schlehe, Laub abwerfende Hecke; im Winter erneuern.
Taxus baccata, Eibe, immergrün; im Frühjahr erneuern.

Hecken aus Nadelgehölzen

Viele Nadelgehölze bilden ideale Hecken, wenn sie als junge Pflanze gut erzogen und später regelmäßig geschnitten werden. Grüne Triebe und das schwächer gefärbte, junge Holz reagieren stärker auf den Schnitt. Mit wenigen Ausnahmen, wie der Eibe (*Taxus baccata*), können Nadelgehölze nicht aus altem Holz austreiben. Das führt zu Problemen, wenn sie vernachlässigt wurden: Sie treiben nicht mehr aus, wenn man sie stark bis ins alte, unbelaubte Holz zurückschneidet.

REGELMÄSSIGER SCHNITT

Ein lebenslanger, regelmäßiger Schnitt ist wesentlich, damit Koniferenhecken eine dichte Oberfläche behalten. Vernachlässigt man sie, verkahlen sie gewöhnlich in der Mitte und haben nur am Rand Blätter. Solche Hecken brechen leichter oder fallen um, wenn sie Sturm oder Schnee ausgesetzt sind.

QUERSCHNITT DURCH EINE KONIFERENHECKE
Die dichte Oberfläche dieser Hecke verbirgt das Zentrum mit altem, braunem Holz, das nicht mehr austreiben kann. Nur ein regelmäßiger Schnitt bewahrt ein gesundes Gleichgewicht .

ROSEN SCHNEIDEN UND ERZIEHEN

ZIELE DES SCHNEIDENS

ABGESEHEN VON DER ERHALTUNG der Gesundheit dient der Rosenschnitt dazu, die Wirkung der Blüten zu verstärken Ein starker oder schwacher Schnitt beeinflusst ihre Anzahl, Größe und Qualität, und bei Climbern und Ramblern erzieht und schneidet man, damit die Blüten sich möglichst in Augenhöhe entfalten. Das schließt das Entfernen welker Blüten ein, um die Blütezeit zu verlängern, oder man lässt sie stehen, um in den Genuss der Hagebutten zu kommen.

SCHNITTZEITPUNKT

Es gibt Tausende von Rosensorten, und sie unterscheiden sich alle in ihrem Wuchs. Die für den Schnitt wichtigsten Unterschiede sind die Blütezeit und die Art der Blüte. Viele sind mehrmals blühend oder remontierend, manche, wie etwa die Teehybriden oder Floribundarosen, blühen den ganzen Sommer durchgehend. Sie werden im zeitigen Frühjahr geschnitten, kurz bevor sie austreiben. Verwelkte Blüten sollte man regelmäßig entfernen, damit die Blüte länger anhält. Einmal blühende Rosen, die meist im Hochsommer blühen, schneidet man am besten direkt nach der Blüte. Alle Rosen mit langen oder weichen Trieben profitieren von einem Rückschnitt im Herbst, da man so Schäden durch den Wind im Winter vermeidet.

MODERNE STRAUCHROSEN
Rosa 'Graham Thomas' *ist berühmt für die zwanglose Anordnung ihrer wundervoll duftenden Blüten. Sie braucht nur einen leichten Schnitt, um diese anmutige Wuchsform zu bewahren.*

Die bezaubernde Ramblerrose Rosa *'American Pillar' eignet sich – wie ihr Name sagt –für Pfeiler.*

AUSWAHL UND ROUTINEARBEITEN

ES GIBT SO VIELE ROSENSORTEN, dass die Auswahl nach Farbe, Duft, Größe und Wuchsform reine Geschmackssache ist. Einige der bezauberndsten Rosen blühen nur einmal, aber wenn Sie das ganze Jahr über Blüten möchten, können Sie öfter blühende oder Remontant-Rosen wählen. Entfernen Sie Verblühtes regelmäßig und düngen Sie gut. Um möglichst wenig Pflanzenschutzmittel einzusetzen, wählen Sie Rosen, die als besonders krankheitsresistent gekennzeichnet sind.

GUTE PFLANZEN AUSWÄHLEN

Rosen werden als wurzelnackte Pflanzen verkauft, um sie in der Ruhephase zu pflanzen oder als Containerpflanzen, die man das ganze Jahr über setzen kann, wenn Boden- und Wetterverhältnisse es zulassen. Prüfen Sie die Wurzeln wurzelnackter Rosen auf Schäden oder Austrocknung und achten Sie darauf, dass sie genügend Feinwurzeln haben. Vorhandene Blätter sollten glänzen und frei von Krankheitssymptomen sein.

WURZELNACKT
Wählen Sie keine Pflanzen mit weichen Triebspitzen und vertrockneten, beschädigten oder verkümmerten Wurzeln.

CONTAINER-PFLANZEN
Vermeiden Sie Pflanzen mit weichen Trieben, spärlichen oder gelben Blättern und in deren Topf Unkraut und Moos wächst.

HOCHSTAMM
Kaufen Sie keine Pflanzen mit weichen, verkrümmten Ästen. Die Krone sollte starke, gleichmäßig verteilte Triebe haben.

AUF AUGEN SCHNEIDEN

Rosen haben wechselständige Knospen. Führen Sie den Schnitt leicht schräg etwa 5 mm über einer Knospe an einem starken gesunden Ast aus (*siehe S. 14*). Schneiden Sie über einem Auge, das in die Richtung zeigt, in die der neue Trieb wachsen soll. Lassen Sie keinen langen Stumpf stehen und vermeiden Sie Quetschwunden.

EIN GLATTER SCHNITT
Wenn die Pflanze Blätter trägt, schneiden Sie genau über einer Knospe, die in einer Blattachsel sitzt, schräg.

Totes und beschädigtes Holz entfernen

Wichtig ist das Entfernen von totem, krankem oder beschädigtem Holz. Wenn eine klare Linie zwischen dem gesunden und toten Holz sichtbar ist, schneidet man bis zu diesem Punkt zurück, so dass die natürliche Abwehrbarriere intakt bleibt. Ist diese Grenze nicht zu sehen, schneidet man bis ins gesunde Holz zurück. Dann schneidet man sich kreuzende Äste bis auf ein geeignetes Auge zurück.

AUSLICHTUNGSSCHNITT
Entfernen Sie kranke und beschädigte Triebe sowie totes Holz und alte Stümpfe, die keine neuen Augen tragen. Schneiden Sie alte, unproduktive Triebe komplett heraus. Kürzen Sie Triebe, die sich überkreuzen oder aneinander reiben bis auf ein geeignetes Auge oder einen Seitentrieb.

Weniger ist mehr

- Schneidet man Tee- und Floribundarosen stark zurück, treiben sie kräftig aus und bilden relativ wenige, aber große Blüten.
- Schneidet man sie weniger stark auf etwas weiter oben liegende kräftige Augen zurück, bilden sie mehr Blüten. Diese sind immer noch von guter Qualität, aber etwas kleiner.

Verblühtes entfernen

Beim Ausschneiden entfernt man welke Blüten und verhindert so die Bildung von Hagebutten, die die Entwicklung weiterer Blüten hemmen. Knipsen Sie die verwelkten Blüten mit Daumen und Zeigefinger ab, etwas unterhalb der Verdickung unter der Blüte. Dies beschleunigt die Blütenbildung mehr als ein Zurückschneiden bis zum ersten voll entwickelten Blatt. Denn je mehr Blätter die Pflanze hat, umso leistungsfähiger ist sie.

ALTE METHODE
Die welke Blüte wird bis zum ersten voll entwickelten Blatt zurückgeschnitten. Dies ist bei einmal blühenden Rosen heute noch nützlich.

NEUE METHODE
Die Verdickung unterhalb der verwelkten Blüte bildet eine natürliche Barriere. Knipsen Sie verblühte Blüten dort ab. Dies gilt vor allem für Einzelblüten.

Wildtriebe entfernen

Die meisten Rosen sind auf eine Wildrose aufgepfropft, die Wildtriebe bilden kann, die die Pflanze schwächen und überwuchern. Wildtriebe treiben oft nahe der Veredelungsstelle aus. Sie sind meist leicht zu erkennen, weil sie völlig andere Blätter haben. Wenn Sie Wildtriebe direkt am Ansatzpunkt zurückschneiden, regt dies kräftiges Wachstum an. Verfolgen Sie den Wildtrieb bis zu seinem Ausgangspunkt zurück und reißen Sie ihn vorsichtig, aber vollständig ab.

ABREISSEN
Schieben Sie vorsichtig die Erde an der Basis des Wildtriebs beiseite und verfolgen Sie ihn bis zu seiner Ansatzstelle zurück. Halten Sie den Trieb mit dicken Handschuhen gut fest und reißen Sie ihn mit kurzem, kräftigem Ruck von der Wurzel ab.

MODERNE BEETROSEN SCHNEIDEN

DIE MEISTEN MODERNEN BEETROSEN blühen mehrfach, und durch den Schnitt sollen sich möglichst viele starke, neue Triebe bilden, die ohne Unterlass den ganzen Sommer über blühen, wenn man regelmäßig die welken Blüten entfernt. Die bedeutendsten Gruppen sind Tee- und Floribundarosen. Man schneidet sie am besten jedes Jahr stark zurück, so dass nur kräftige Triebe stehen bleiben. Andere moderne Strauchrosen brauchen einen weniger starken Schnitt.

PFLANZSCHNITT

Wenn Sie eine Container-Beetrose in der Wachstumsperiode pflanzen, müssen Sie die offenen Blüten abschneiden und beschädigte Triebe entfernen. Ein starker Schnitt erfolgt im kommenden Frühjahr. Wurzelnackte Rosen schneidet man dagegen nach dem Pflanzen kräftig zurück, um einen starken Neuaustrieb zu fördern.

PFLANZSCHNITT
Schneiden Sie die Triebe einer frisch gepflanzten wurzelnackten Rose bis zu einem nach außen zeigenden Auge auf 8–15cm über dem Boden zurück.

FLORIBUNDAROSEN

Floribundarosen oder Beetrosen mit Blütenbüscheln überzeugen den ganzen Sommer mit üppigen Blüten. Beim Frühjahrsschnitt finden sich bei entsprechend langen Trieben zahlreiche Augen, die sich zu Blütentrieben entwickeln können. Deshalb schneidet man sie nicht so stark zurück wie Teehybriden. Haben die alten Triebe keine geeigneten Augen, auf die man zurückschneiden kann, kürzt man sie auf die gewünschte Höhe. Dies lässt schlafende Augen austreiben. Entfernen Sie stehen gebliebene Stümpfe später.

INSTANDHALTUNGSSCHNITT
Entfernen Sie im zeitigen Frühjahr alle abgestorbenen Triebe und schneiden Sie beschädigte Triebe bis auf ein gesundes Auge zurück. Kürzen Sie alle übrigen Triebe auf 25–30 cm ein. Seitentriebe schneidet man auf zwei bis drei Augen zurück.

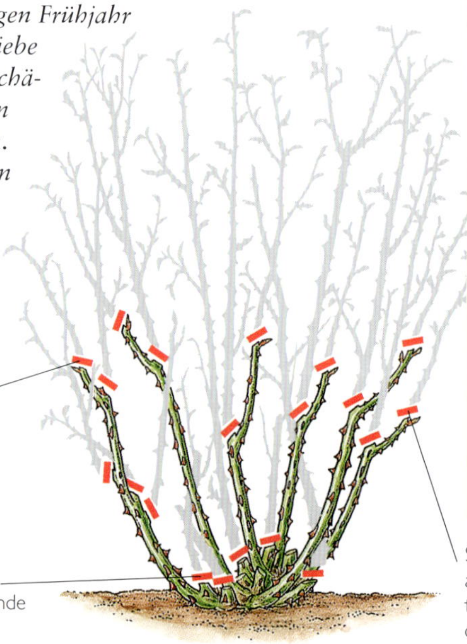

Ein leicht schräger Schnitt auf ein nach außen zeigendes Auge hält das Innere des Buschs licht und offen. Lassen Sie nur starke Triebe mit reichlich Augen stehen.

Schneiden Sie alte, tote und schwache Triebe bis ins gesunde Holz an der Basis zurück.

Scheiden Sie alle starken Seitentriebe auf zwei bis drei Augen über dem Haupttrieb zurück; das oberste Auge zeigt in die gewünschte Wuchsrichtung.

EINE GUTE WAHL

- 'Amber Queen' 🏆
- 'Anisley Dickson' 🏆
- 'Anna Livia' 🏆
- 'Arthur Bell' 🏆
- 'Korresia'
- 'L'Aimant' 🏆
- 'Masquerade'
- 'Memento' 🏆
- 'Pink Parfait'
- 'Pretty Lady' 🏆
- 'Schneewittchen' 🏆
- 'Sexy Rexy' 🏆
- 'Southampton' 🏆
- 'The Queen Elizabeth' 🏆
- 'The Times Rose' 🏆

Teehybriden

Teehybriden oder großblütige Beetrosen tragen ihre großen Blüten entweder einzeln oder in Dreierbüscheln an steif aufrechten Trieben. Wenn sie gut entwickelt sind, sorgt ein starker Schnitt dafür, dass sie kräftige Triebe bilden und den ganzen Sommer blühen.

BEKANNTE SORTEN

'Duftwolke'	'Paul Shirville' ♡
'Elina' ♡	'Silver Jubilee' ♡
'Ingrid Bergman'	'Tequila Sunrise' ♡
'Lovely Lady' ♡	'Valencia' ♡
'Mildred Scheel' ♡	'Warm Wishes' ♡

INSTANDHALTUNGSSCHNITT
Im zeitigen Frühjahr schneidet man auf 20–23 Zentimeter zurück und lässt nur vier bis fünf kräftige Triebe stehen.

Patiorosen und Miniaturrosen

Diese beiden Gruppen sind etwas kompaktere Varianten der Teehybriden und Floribundarosen. Sie werden zur gleichen Zeit und genauso geschnitten wie diese, aber nicht ganz so stark. Schneidet man welke Blüten regelmäßig aus, blühen die meisten den ganzen Sommer, manche bis zum ersten Frost.

BEKANNTE SORTEN

'Anna Ford' ♡	'Stars 'n' Stripes'
'Cider Cup'	'Sun Hit'
'Festival'	'Sweet Dream' ♡
'Little Bo-Peep'	'Top Marks'
'Queen Mother' ♡	'White Pet' ♡

INSTANDHALTUNGSSCHNITT
Da die Größe eines Busches variiert, gilt die Grundregel: Kürzen Sie um etwa ein Drittel ein.

Bodendeckerrosen

Buschige Bodendeckerrosen muss man nur leicht zurückschneiden, um überlange Triebe und Seitentriebe zu kürzen, wenn es in der Mitte zu dicht wird. Kriechende Triebe muss man lediglich in ihre Schranken weisen.

AUSBREITUNG ZÜGELN
Wenn Triebe in benachbarte Pflanzen wuchern, schneidet man sie im Frühjahr oder nach der Blüte bis zu einem nach oben zeigenden Auge oder Seitentrieb zurück.

Schneiden Sie einfach bis zu einem nach oben zeigenden Auge oder Trieb zurück. Schneiden Sie mehrfach blühende Bodendeckerrosen im zeitigen Frühjahr und einmal blühende nach der Blüte im Sommer.

BEKANNTE SORTEN

'Bonica' ♡	'Rosy Cushion' ♡
'Flower Carpet'	'Snow Carpet'
'Grouse' ♡	'Suma'
'Kent' ♡	'Surrey' ♡
'Red Blanket'	'Swany' ♡

Moderne und Alte Rosen

Moderne Strauchrosen und Alte Rosen umfassen verschiedene Gruppen. Sie werden meist größer als Beetrosen und sind mehrfach blühend, einige blühen einmal im Sommer. Ihre ganze Anmut entwickeln sie bei jährlichem leichtem Rückschnitt. Die meisten Alten Rosen entfalten einmal im Sommer oft intensiv duftende Blütenpracht. Beide Gruppen müssen nur beim Pflanzen leicht geschnitten werden; kürzen Sie alle überlangen Triebe und entfernen Sie beschädigte Triebe.

Moderne Strauchrosen

Viele moderne Strauchrosen werden 1,2–2 m hoch, fast genauso breit, sind von kräftigem Wuchs und mehrmals blühend. Am besten schneidet man sie im zeitigen Frühjahr direkt nach der Blüte zurück. Wenden Sie dieselbe Technik an wie bei einmal blühenden Sträuchern. Einige moderne Strauchrosen sind größere Züchtungen der Tee- oder Floribundarosen (*siehe S. 58–59*) und werden wie diese im zeitigen Frühjahr geschnitten, nur dass man die Haupttriebe nur um ein Drittel kürzt, um die Größe zu erhalten und die Seitentriebe auf zwei bis drei Augen kürzt, um die Qualität der Blüten zu verbessern.

BEWÄHRTE STRAUCHROSEN
Wenn routinemäßig das beschädigte Holz entfernt wird, brauchen die meisten Strauchrosen nur noch einen leichten Schnitt.

BEKANNTE SORTEN

'Agnes' 🏆	'Fritz Nobis' 🏆	'Penelope' 🏆
'Ballerina' 🏆	'Gertrude Jekyll' 🏆	'Sally Holmes' 🏆
'Buff Beauty' 🏆	'Golden Wings' 🏆	'Scepter'd Isle' 🏆
'Chinatown' 🏆	'Graham Thomas' 🏆	'Sharifa Asma'
'Eye Paint'	'L.D. Braithwaite' 🏆	'The Fairy' 🏆
'Felicia' 🏆	'Moonlight'	'Westerland' 🏆
'Francine Austin'	'Nevada' 🏆	'Yesterday' 🏆

HECKEN ZIEHEN

- Die robusteren Strauchrosen kann man, wenn sie als Hecke gezogen werden, mit einer elektrischen Heckenschere schneiden.
- Moderne Strauchrosen, die in formalen Beeten wachsen, kann man ebenfalls »mähen«. Dabei bleiben abgestorbene Triebe im Strauch zurück, die man mit der Schere herausschneiden sollte.

Alte Rosen

Es gibt einige Gruppen unter den Alten Rosen, die, wenn sie sich erst gut entwickelt haben, auf eine der beiden hier vorgestellten Arten geschnitten werden. Die Schnitttechnik hängt davon ab, ob die Wuchsform eher dicht und aufrecht ist wie bei den Gallicarosen oder mehr offen und breitwüchsig wie bei Albarosen, Bourbonrosen, Zentifolien, China-, Damaszener-, Moos- und Portlandrosen. Die meisten Alten Rosen blühen einmal; man schneidet sie, sobald die letzten Blüten verblüht sind. Mehrmals blühende Alte Rosen wie Bourbon- und Chinarosen schneidet man dagegen im zeitigen Frühjahr.

ALTE ROSEN MIT AUFRECHTEM WUCHS
Ziel ist es, den dichten Wuchs zu erhalten. Vernachlässigte Exemplare kann man im Spätwinter oder zeitigen Frühjahr verjüngen, indem man alle bis auf die kräftigsten und jüngsten Triebe herausschneidet.

ALTE ROSEN MIT AUSLADENDEM WUCHS
Um die Dichte zu verringern, Blütentriebe zu erneuern und um überalterte Pflanzen zu verjüngen, entfernt man alle Triebe bis auf die jüngsten und stärksten und kürzt um ein Drittel.

BEKANNTE SORTEN

AUFRECHTER WUCHS
- 'Alain Blanchard'
- 'Charles de Mills' 🏆
- 'Duc de Guiche' 🏆
- 'Georges Vibert'
- *R. gallica* var. *officinalis* 🏆
- 'Tuscany Superb' 🏆

AUSLADENDER WUCHS
- 'Alba Maxima'
- 'Alba Semiplena' 🏆
- 'Boule de Neige'
- 'Complicata' 🏆
- 'Fantin-Latour' 🏆
- 'Henri Martin'
- 'Louise Odier'
- 'Madame Plantier'
- 'Maiden's Blush' 🏆
- *R.* × *odorata* 'Mutabilis' 🏆

Climber- und Ramblerrosen

Am einfachsten zieht man Climber und Rambler an einer Mauer oder einem Zaun. Am besten zieht man die Triebe an starken, horizontalen Drähen, die mindestens 5 cm Abstand von der Wand haben. So kann die Luft gut zirkulieren und das Risiko von Pilzkrankheiten ist minimiert. Außerdem sind die Triebe leicht zugänglich, um sie zu schneiden oder um Befestigungen anzubringen oder zu entfernen, wenn alte Treibe entfernt und durch junge ersetzt werden.

Climber an der Wand

Kletterrosen haben steife, aufrechte Triebe und blühen wiederholt an den Seitentrieben, die aus älterem Holz austreiben. Sie werden mit längeren Trieben als Beetrosen verkauft und benötigen keinen Pflanzschnitt, weil man sonst die Augen, die neue Triebe bilden, entfernen würde. Im ersten Jahr nimmt man nur das tote Holz heraus und kappt die Spitzen. Binden Sie die Triebe einfach dort fest, wo sie wachsen und verteilen Sie sie gleichmäßig.

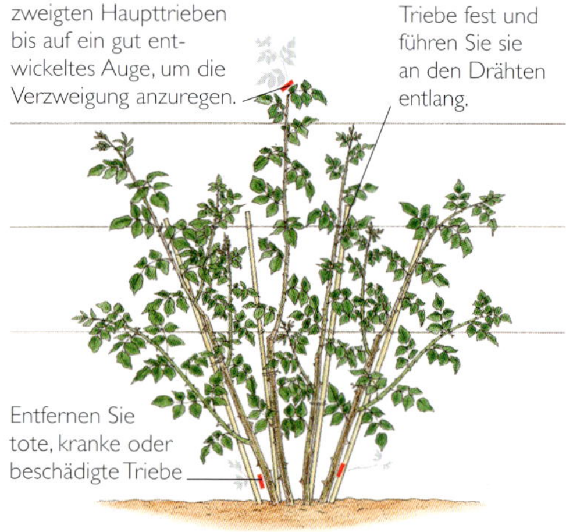

PFLANZEN UND ERZIEHEN, 1. JAHR
Spannen Sie Drähte für das Klettergerüst: den untersten 45 cm über dem Boden, die folgenden im Abstand von jeweils 30 cm. Pflanzen Sie die Climber 45 cm vom Fuß der Mauer entfernt ein.

WAAGERECHT ERZIEHEN

Sowohl bei Ramblern als auch bei Climbern sollte man die Triebe so waagerecht wie möglich ziehen, um die Bildung zahlreicher blühender Seitentriebe anzuregen (*siehe S. 10–11*). Platziert man die Triebe sorgfältig, wird eine Wand über und über mit Blüten bedeckt sein.

Rambler an der Wand

Schneiden Sie beim Pflanzen alle Triebe auf etwa 40 cm zurück, um das Wachstum anzuregen. Ziehen Sie die neuen Triebe etwas auseinander und befestigen Sie sie möglichst waagerecht am Klettergerüst. Rambler haben lange, biegsame Triebe; sie blühen nur einmal mit einer üppigen Blütenfülle am vorjährigen Holz. Die meisten bilden an der Basis neue Triebe. Wenn Sie sich gut entwickelt haben, sollte man ein Drittel der alten Blütentriebe an der Basis nach der Blüte entfernen, um die Bildung neuer Triebe anzuregen. Rambler blühen mehrere Jahre am selben Holz, aber wenn Sie die Pflanze verkleinern müssen, schneiden Sie alle blühenden Triebe zurück.

Ältere Climber schneiden

Climber sind überwiegend mehrfach blühend und werden in der Ruheperiode geschnitten. Mit einem Schnitt im späten Herbst verhindert man, dass lange Triebe von den Winterstürmen abgerissen werden. Füllt die Rose ihren Platz aus, erneuert man die Wuchsform der alten Triebe, in dem man weniger stark blühende Triebe auf einen niedrigeren neuen Trieb oder ein kräftiges Auge zurückschneidet. Um die Bildung von neuen Blütentrieben an den Seitentrieben im folgenden Jahr anzuregen, werden sie um zwei Drittel ihrer Länge oder auf zwei bis drei Augen zurückgeschnitten.

CLIMBER

- 'Aloha' ♕
- 'Altissimo
- 'Bantry Bay'
- 'Breath of Life
- 'Compassion' ♕
- 'Danse du Feu'
- 'Fellemberg'
- 'Händel' ♕
- 'Parade' ♕
- 'Schneewittchen' ♕
- 'Sympathie'
- 'White Cloud' ♕

AUSLICHTUNGSSCHNITT
Entfernen Sie totes und krankes Holz sowie schwache Triebe und welke Blüten.

AUSLICHTUNGSSCHNITT
Hauptziel des Schnitts ist es, alte Triebe durch neue zu ersetzen, weil sie üppiger blühen.

KLEINE RAMBLER

Folgende Rambler sind eher kleinwüchsig und auch für kleinere Gärten geeignet:

- 'Albertine' ♕
- 'Bleu Magenta' ♕
- 'Crimson Shower' ♕
- 'Flora'
- 'Goldfinch'
- 'Little Rambler' ♕
- 'Paul Transon' ♕
- 'Princesse Louise'
- 'Sander's White Rambler' ♕
- 'Spectabilis'
- 'Veilchenblau' ♕

RANKHILFEN FÜR KLETTERPFLANZEN

KLETTERPFLANZEN – INKLUSIVE CLIMBER- UND RAMBLERROSEN – bringen ein vertikales Element in eine Gartengestaltung. Das Ausmaß des Klettergerüsts sollte mit der Stärke der Pflanze harmonieren, so dass sie es gut bedeckt, ohne es zu überwuchern. Muss eine sehr kräftige Pflanze verkleinert werden, vergewissern Sie sich, ob sie einen starken Rückschnitt verträgt. Um den Pflanzen festen Halt zu geben, müssen Sie sie unter Umständen mit Drähten, Geflechten oder Rankgittern stützen.

PFEILER UND PERGOLEN

Führt man Pflanzen gerade nach oben, entsteht ein baldachinartiges Dach. Zieht man sie spiralförmig um die Pfeiler herum, hat man mehr Blüten an den Säulen und Querbalken der Pergola. Setzen Sie die Pflanzen mit etwa 25 cm Abstand zum Pfeiler und führen Sie die neuen Triebe an Drähten oder einem Gitter nach oben. Erreichen die Triebe die Querbalken, binden Sie sie dort fest.

An Drähten halten sich Triebe leichter fest und wachsen schneller nach oben bis zur Spitze der Kletterhilfe, als wenn sie sich um sie herum ranken.

Selbst kletternde Pflanzen können sich an den Drähten, die an den Stützbalken einer Pergola nach oben führen, leichter festhalten.

ERSTE ERZIEHUNGSHILFEN
*Manche Pflanzen – hier der Blauregen (*Wisteria*) – winden sich um jede Rankhilfe, mit der sie in Kontakt kommen. Den meisten gibt man anfangs noch eine Hilfe durch zusätzliche Drähte.*

PFLANZEN FÜR DIE PERGOLA

ROSEN
- 'Alister Stella Gray'
- 'American Pillar'
- 'Excelsa'
- 'Lawrence Johnston'
- 'Maigold' ♀
- 'New Dawn' ♀
- 'Phyllis Bide' ♀
- 'Seagull' ♀

KLETTER-PFLANZEN
- *Akebia quinata*
- *Clematis* (viele)
- *Jasminum officinale*
- *Lonicera* (viele)
- *Schisandra rubriflora*
- *Vitis coignetiae*
- *Wisteria* (alle)

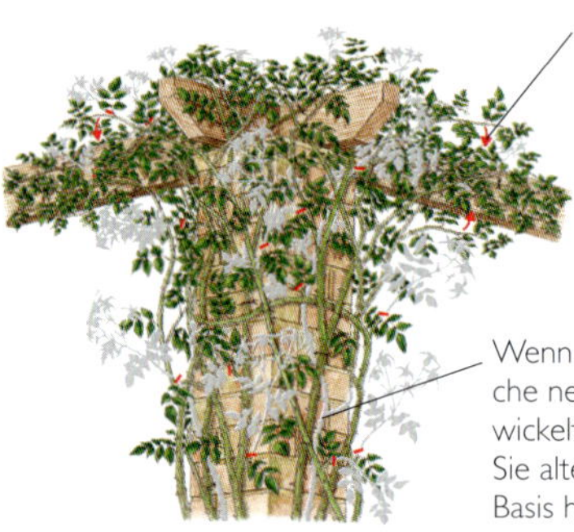

Binden Sie die neuen Triebe mit Drahtklemmen fest; wickeln Sie sie nicht um den Balken.

Wenn sich zahlreiche neue Triebe entwickelt haben, sollten Sie alte Triebe an der Basis herausnehmen.

ROSEN AN EINER PERGOLA SCHNEIDEN
*Binden Sie wachsende Triebe fest. Entfernen Sie welke Blüten möglichst. Climber brauchen keinen regelmäßigen Schnitt. Rambler schneidet man, um das Wachstum anzuregen (*siehe S. 62–63*).*

Der Haupttrieb wird waagerecht unter dem Balken gezogen.

Zwischen den Querbalken gespannte Drähte geben dem Hauptast eine gute Stütze.

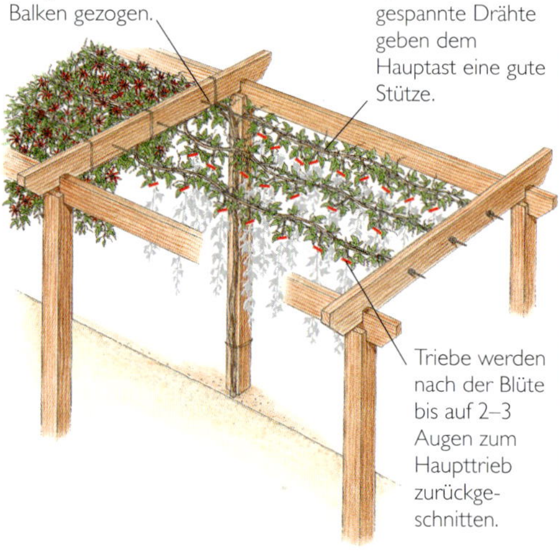

Triebe werden nach der Blüte bis auf 2–3 Augen zum Haupttrieb zurückgeschnitten.

EINE PASSIONSBLUME AN EINER PERGOLA
Haben die Haupttriebe das Dach der Pergola erreicht, zieht man sie an waagerechten Drähten, so dass die Blütentriebe herunterhängen und sehr vorteilhaft zur Geltung kommen.

Pyramiden und Bögen

Alle Kletterpflanzen mit weichen Trieben können an einem Bogen oder einer Pyramide gezogen werden, wenn die Größe der Pflanze zu der des Rankobjekts passt. Pyramiden sind ideal, um Triebe horizontal zu ziehen und Objekte zu bekommen, die über und über mit Blüten bedeckt sind. Bei Bögen pflanzt man an beiden Außenseiten des Bogens, da es schwierig ist, Triebe nach unten zu lenken. Am besten vermeidet man dornige Pflanzen.

AN EINER PYRAMIDE ZIEHEN
Führen Sie die jungen, biegsamen Triebe sprialförmig um die Rankhilfe und binden Sie sie fest. Kürzen Sie blühende Seitentriebe und schneiden Sie alte Triebe zur Verjüngung zurück.

AN EINEM BOGEN ZIEHEN
Kürzen Sie überlange Triebe, um die Form zu bewahren. Blattpflanzen kann man zu jeder Zeit schneiden, bei Blütenpflanzen mit Rücksicht auf die Blütenbildung.

PFLANZEN FÜR PYRAMIDEN UND BÖGEN

ROSEN
- 'Alba Semiplena' 🏆
- 'Alchymist'
- 'Boule de Neige'
- 'Constance Spry' 🏆
- 'Dortmund' 🏆
- 'Dublin Bay' 🏆
- 'Gloire de Dijon'
- 'Graham Thomas' 🏆
- 'Händel' 🏆
- 'Reine Victoria'
- 'Summer Wine' 🏆
- 'Swan Lake'
- 'Warm Welcome' 🏆

KLETTERPFLANZEN
- *Actinidia kolomikta* 🏆
- *Clematis* (viele)
- *Eccremocarpus scaber*
- *Humulus lupulus* 'Aureus' 🏆
- *Jasminum officinale* 🏆
- *Lonicera* (viele)
- *Passiflora caerulea* 🏆
- *Solanum crispum*
- *Trachelospermum jasminoides* 🏆
- *Wisteria*

Kletterpflanzen an einem Baum

Die Wirtspflanze muss gesund und in der Lage sein, das Gewicht der Kletterpflanze zu tragen. Pflanzen Sie sie zu nah an den Baum, wird die Kletterpflanze vielleicht nicht gut gedeihen. Sie sollten im Bereich des Kronenrands des Baums auf der Seite der Hauptwindrichtung pflanzen. Die Triebe werden sich auf der Sonnenseite ihren Weg suchen. Sorgen Sie für Seile, Draht oder ein Netz, das die Kletterpflanze zu ihrem Stützbaum leitet.

RICHTIG LEITEN
Sorgsames Platzieren und zeitiges Führen der Triebe zu den unteren Ästen ist lebensnotwendig; später klettern die Triebe von selbst zum Licht.

KLETTERPFLANZEN UND STRÄUCHER

ZIELE DES SCHNEIDENS

WILD WACHSENDE KLETTERPFLANZEN verwenden ihre ganze Energie darauf, so schnell wie möglich nach oben zu wachsen. Auf dem Weg zum Licht überwuchern sie andere Pflanzen und Hindernisse und blühen erst, wenn sie ihr Ziel erreicht haben. Im Garten ist Schneiden und Erziehen notwendig, um sie in Form zu halten und den Wuchs zu lenken und zu kontrollieren, so dass sie ihre schmückende Wirkung dort entfalten, wo man sie sehen kann.

KLETTERPFLANZEN-TYPEN

Auf ihrer Suche nach Licht nutzen Kletterpflanzen Ranken, Haft- oder Luftwurzeln. Wie sie klettern, hat nichts damit zu tun, wie sie geschnitten werden, aber es entscheidet über die Art der Kletterhilfe. Efeu beispielsweise kann sich an einer nackten Mauer festhalten und emporklettern oder mit seinen Haft- und Luftwurzeln um einen Baumstamm ranken. Ein sich windendes Geißblatt und eine rankende Clematis muss man jedoch zum Draht oder Rankgerüst leiten, bevor sie klettern können. Sträucher an Mauern müssen an einem Klettergerüst angebunden werden, damit sie daran emporwachsen. Das Ausmaß der Kletterpflanze muss zu dem des Rankgerüsts passen, so dass sie die Kletterhilfe ganz bedeckt, aber nicht überwuchert.

EXTRA WÄRME *Auch wenn es nicht üblich ist: Die Kultur von Rosmarin (*Rosmarinus officinalis*) an einer Mauer ist ideal. Diese mediterrane Pflanze liebt den trockenen Boden am Fuß der Mauer und blüht in der von der Wand reflektieren Wärme im Überfluss.*

◂ REIZENDES DUO: *Üppigkeit und Wuchs von* Clematis *und* Wisteria *sind für Pergolen perfekt.*

KLETTERPFLANZEN AUSWÄHLEN

EINES DER WICHTIGSTEN AUSWAHLKRITERIEN für Kletterpflanzen ist, dass ihre zukünftige Höhe und Breite zu dem Platz passen, den Sie für sie vorgesehen haben. Wenn Sie sie dauernd zurückschneiden müssen, um sie in Grenzen zu halten, laufen Sie nicht nur Gefahr, die Wirkung des prächtigen Gesamtbilds – und auch der Blüten oder Früchte – aufs Spiel zu setzen, sondern Sie machen sich überdies noch eine Menge unnötiger Arbeit.

GUTE PFLANZEN KAUFEN

Kletterpflanzen werden in Containern verkauft. Die Pflanze sollte aus gleichmäßigen und gesunden Trieben bestehen. Falls Sie Laub abwerfende Pflanzen im Winter kaufen, sollten sie genügend gesunde Knospen tragen. Achten Sie auf Schadsymptome oder Krankheiten, indem Sie einen Blick auf und unter die Blätter werfen. Prüfen Sie, ob die Erde gleichmäßig feucht und ob die Oberfläche frei von Unkraut und Moos ist. Der Erdballen sollte von gut entwickelten Wurzeln durchzogen sein, die sich aber nicht rund um die Innenseite des Topfs winden. Wenn Sie den Topf umdrehen und junge Wurzelspitzen in den Drainage-Löchern sehen, ist die Pflanze gut bewurzelt.

VERMEIDEN!

- Kaufen Sie keine Pflanzen mit weichen, dünnen Trieben oder toten und geschädigten Knospen.
- Vermeiden Sie eingetopfte Pflanzen mit eng zusammengedrückten Wurzeln.
- Lassen Sie Pflanzen mit Anzeichen von Krankheiten stehen.

EINE WOHL GEFORMTE PFLANZE
Diese Pflanze hat viele, gut gestützte Triebe, gesunde junge Blätter und dicke neue Knospen an der Basis. Die Oberfläche des Substrats ist frei von Unkraut und Moos.

KRÄFTIGE, GESUNDE WURZELN
Diese Pflanze hat viele hell gefärbte, lebende, gleichmäßig verteilte Wurzeln; abgestorbene Wurzeln sind gewöhnlich braun und sehen matschig aus. Die Wurzeln haben Platz.

Erste Erziehung bei Kletterpflanzen

Alle Kletterpflanzen, die mit Ranken, Trieben oder Dornen klettern, brauchen am Anfang eine Rankhilfe, und egal ob Sie ein Rankgitter, Drähte oder ein Netz wählen, sollten Sie es vor dem Pflanzen anbringen. Auch kräftige Kletterpflanzen brauchen am Anfang eine Unterstützung, sogar Selbstklimmer (*siehe unten*), wenigstens bis sie sich selbst festhalten können. Das Hauptziel eines frühen Schnitts und der Erziehung ist es, dass sich ein kräftiges Grundgerüst entwickelt, das die Kletterhilfe gut bedeckt.

EIN GRUNDGERÜST BILDEN
Sorgen Sie nach der ersten Saison dafür, dass die Pflanze dichter wird. Manchmal brechen die ausgewählten Triebe beim Erziehen; binden Sie sie fest, bevor sie überflüssige entfernen.

SELBSTKLIMMER

***Hedera helix*, Gewöhnlicher Efeu, *H. canariensis* und *H. colchica*:** klimmen mit Hilfe von Haftwurzeln; sie können alten Mörtel lockern.
Hydrangea anomala subsp. ***petiolaris***, Kletterhortensie: klettert mit Luftwurzeln, die zwei bis drei Wachstumsperioden brauchen, um sich zu entwickeln.
Parthenocissus sp., Jungfernrebe: besitzt Haftscheiben; braucht viel Platz.
***Schizophragma integrifolium*:** klettert mit Hilfe von Luftwurzeln, die am besten auf rauen Oberflächen haften.

LEITEN UND ANBINDEN

Leiten und Anbinden dient zum Bestimmen der Wuchsrichtung und gewährleistet, dass das Rankgerüst gut bedeckt ist. Ziehen Sie die Triebe auseinander, so dass sie eher quer über das Gerüst wachsen als in der Mitte gerade nach oben. Versuchen Sei immer, einige Triebe so waagerecht wie möglich zu ziehen, um die Bildung von Seitentrieben zu fördern. Vorsicht: Junge Triebe brechen leicht.

LEITEN
Triebe von sich windenden und rankenden Pflanzen vorsichtig zur Rankhilfe führen, solange sie biegsam sind.

ANBINDEN
Eine 8-förmige Schlaufe befestigt den Trieb, erlaubt ihm, dicker zu werden und schützt ihn vor harten Oberflächen.

SPEZIELLE SCHNITTMETHODEN

MANCHE KLETTERPFLANZEN BRAUCHEN ALS JUNGE PFLANZEN – wenn sie erzogen und geschnitten werden, um den vorhandenen Raum zu füllen – etwas mehr Aufmerksamkeit. Sie sind es, die man für Plätze aussucht, an die man schwer herankommt. Bei anderen muss man lediglich totes, beschädigtes oder krankes Holz entfernen und alte Triebe herausnehmen, um junge Triebe zu fördern, doch der Schnitt, der die Blüte fördern soll, ist oft jedes Jahr oder sogar zweimal jährlich nötig.

ROUTINE-ARBEITEN

Tote, beschädigte und kranke Triebe sollten Sie entfernen. Entfernt man welke Blüten, fördert das die Blütenbildung. Bei kräftigen Kletterpflanzen wie *Clematis montana* lässt es sich kaum vermeiden, dass sie zu dicht werden und sich Äste überkreuzen, aber es hilft, wenn man jedes Jahr Blütentriebe auslichtet. Man kann auch alle drei oder vier Jahre bis zur Kletterhilfe zurückschneiden. Ist ein Grundgerüst aus verholzten Trieben entstanden, vermeidet ein regelmäßiger Rückschnitt zu üppiger Triebe einen zu dichten Wuchs.

TOTES HOLZ
Dieser Jasmin-Trieb ist bis auf die Knospen abgestorben, die gesunde junge Triebe gebildet haben. Es ist also eine natürliche Barriere entstanden, um das tote Holz zu isolieren.

VERWELKTES ENTFERNEN
Tote Stängel oder unansehnliche Blüten sollten Sie möglichst entfernen. Achten Sie darauf, dabei keine neuen Triebe zu verletzen.

AUSLICHTEN
Lichten Sie erschöpfte Blütentriebe aus, um die Blüte zu verlängern oder die Entwicklung im nächsten Jahr zu fördern.

TRIEBE ZURÜCKVERFOLGEN
Kappen Sie einen Haupttrieb an der Basis und schneiden Sie später die welkenden Triebe heraus.

DICHTE KLETTERER SCHNEIDEN
Praktisch zum Schneiden von dichten Kletterpflanzen ist die Heckenschere. Achten Sie auf den geeigneten Zeitpunkt.

Instandhaltungsschnitt

Kletterpflanzen, die an einer Wand oder Kletterhilfe gezogen werden, brauchen einen jährlichen Schnitt. Mit zunehmendem Alter muss man altes Holz entfernen, um die Pflanze zu verkleinern oder neues Wachstum anzuregen. Die meisten blühenden und fruchtenden Kletterer müssen außerdem geschnitten werden, damit sie produktiv bleiben. Das Ausmaß des Schnitts hängt von der jeweiligen Pflanze ab, ihrer Stärke und ihrem Zustand.

SCHNITT IN DER RUHEPHASE
Der Zeitpunkt des Schnitts variiert. Leiten und binden Sie neue Triebe an oder rücken Sie junge Zweige zurecht, um Lücken zu füllen. Prüfen und stellen Sie die Schlaufen nach, wenn nötig.

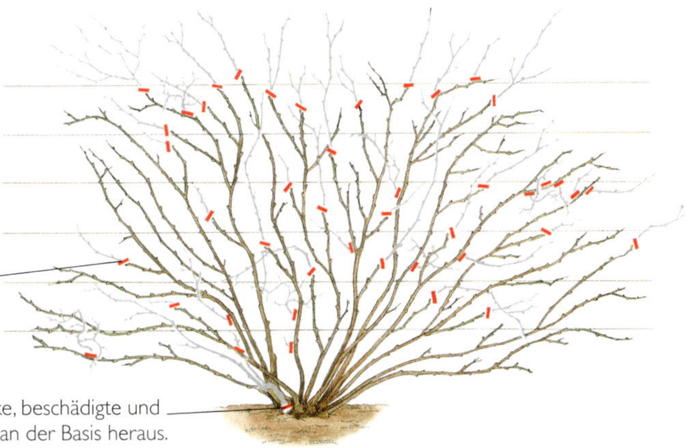

Entfernen Sie schwache, zu eng stehende und sich überkreuzende Triebe und kürzen Sie überlange Stängel auf ein kräftiges Auge ein. Binden Sie neue Triebe an, um Lücken zu füllen.

Schneiden Sie tote, kranke, beschädigte und unproduktive alte Triebe an der Basis heraus.

Verjüngungsschnitt

Wuchernde und vernachlässigte Kletterpflanzen sind schwer zu korrigieren, doch Pflanzen, die im Wesentlichen gesund sind, können in der Ruhephase verjüngt werden. Wenn die Pflanze krank ist oder stark abgestorben ist, sollte man sie ersetzen. Am einfachsten schneidet man die ganze Pflanze zurück bis auf die Basis, vorausgesetzt die Pflanze verträgt einen solch drastischen Rückschnitt. Wenn sie dies nicht toleriert, verjüngen Sie über zwei oder drei Jahre.

WANN MAN SCHNEIDET

Frühblüher: Blühen gewöhnlich am vorjährigen Holz vor dem Hochsommer und werden sofort nach der Blüte geschnitten.

Spätblüher: Blühen am diesjährigen Holz und werden während der Ruhezeit geschnitten.

Immergrüne: Schneidet man am sichersten im frühen Sommer, um Schäden zu vermeiden, die entstehen, wenn junge Triebe dem Frost ausgesetzt sind. Der Neuaustrieb verbirgt rasch die Schnittstellen.

Schneiden Sie totes, krankes oder beschädigtes Holz heraus.

Binden Sie neue starke Triebe so an, dass Lücken gefüllt werden, und kürzen Sie Seitentriebe.

NACH UND NACH VERJÜNGEN
Schneiden Sie zwei bis drei Jahre lang je ein Drittel der ältesten Triebe bodennah ab. Alte Triebe lassen sich besser entfernen, wenn man sie in Stücke schneidet. Binden Sie junge Zweige an.

Schneiden Sie ein Drittel der alten Triebe an der Basis zurück.

AN EINER MAUER GEZOGENE STRÄUCHER

VIELE STRÄUCHER KANN MAN AN EINER SENKRECHTEN FLÄCHE ZIEHEN, um die Wirkung ihrer Blüten oder Früchte zu erhöhen. Dies ist vor allem in kleinen Gärten sinnvoll, wenn der Platz für frei stehende Sträucher nicht ausreichen würde. Wände bieten auch einen gewissen Schutz vor der Winterkälte. Dies ist hilfreich bei Sträuchern, die nicht ganz winterhart sind. Außerdem fördert die zusätzliche Wärme die Blütenbildung bei winterharten Sträuchern.

PFLANZSCHNITT

Befestigen Sie Draht oder ein Klettergerüst mit 5 cm Abstand von der Wand, so dass die Luft zirkulieren kann. An einer Wand gezogene Sträucher pflanzt man mindestens 45 cm von der Wand entfernt, damit sie nicht im Regenschatten stehen. Schneiden Sie Pflanzen mit einem Haupttrieb stark zurück, um die Verzweigung anzuregen, wählen sie vier bis fünf starke Triebe aus und binden Sie sie ihrer Wuchsform entsprechend an.

GUT FÜR WÄNDE

Chaenomeles: nach der Frühjahrsblüte wie Pyracanthus schneiden

Argyrocytisus battandieri ♀: nach der Blüte im Sommer schneiden, um alte Zweige zu ersetzen

Forsythia suspensa: Blütentriebe nach Blüte im zeitigen Frühjahr zurückschneiden

Fremontodendron: nur nach außen zeigende Triebe im Hochsommer nach der ersten Blüte kürzen

PFLANZSCHNITT
Befestigen Sie die Haupttriebe am Klettergerüst. Breiten Sie die starken Seitentriebe aus und binden Sie sie fest. Kürzen Sie nach innen und außen zeigende Triebe auf ein bis zwei Knospen.

INSTANDHALTUNGSSCHNITT

Der Schnittzeitpunkt von an einer Wand gezogenen Sträuchern variiert je nach Blütezeit. Binden Sie neue Triebe in Wuchsrichtung an und prüfen Sie Schlaufen regelmäßig, damit sie nicht einschneiden. Kürzen oder entfernen Sie Triebe, die zur oder von der Wand weg wachsen. Binden Sie Seitentriebe so fest, dass sie Lücken füllen. Versuchen Sie alte Triebe durch kräftige neue zu ersetzen.

EINEN ERWACHSENEN STRAUCH SCHNEIDEN
Entfernen Sie ältere und schwächere Triebe, um jüngeren Platz zu machen. Binden Sie neue Triebe an und kürzen sie nach innen und außen zeigende Triebe auf ein bis zwei Knospen ein.

Pyracantha schneiden

Feuerdorn (*Pyracantha*) wird wegen der üppigen Blüte im Frühsommer und der hellen Beeren gepflanzt. Sie stehen an kurzen Seitentrieben, die aus dem alten Holz austreiben. Den Hauptschnitt – das Kürzen der Haupttriebe und nach außen zeigenden Seitentriebe zur Bildung von blühenden Trieben – erfolgt Mitte des Frühjahrs. Im Spätsommer kürzt man die Blütentriebe auf zwei oder drei Blätter, damit die reifenden Beeren besser wirken.

AN DER WAND ZIEHEN
Hat sich ein Grundgerüst von verholzten Zweigen gebildet, schneidet man nach außen zeigende Triebe zurück und kürzt die übrigen Mitte des Frühjahrs ein.

Winterjasmin schneiden

Die ausladend wachsende Pflanze klettert nicht von selbst und muss an das Klettergerüst angebunden werden. Im Winter und zeitigen Frühjahr trägt sie kleine gelbe Blüten im Überfluss. Schneiden Sie direkt nach der Blüte alle Blütentriebe auf zwei oder drei Knospen zurück. Bei großen Pflanzen können Sie eine Heckenschere verwenden.

Ordnung halten

Wird Winterjasmin (*Jasminum nudiflorum*) nicht alljährlich zurückgeschnitten, bildet er wüchsige neue Triebe, die die alten überwuchern, so dass ein unordentliches Gewirr aus verholzten Zweigen entsteht. Schneidet man ihn bis fast auf die Kletterhilfe zurück, wächst er dicht und wird ganz von Blüten bedeckt sein.

EINE FORM SCHAFFEN
Schneiden Sie alle Triebe beim Pflanzen um bis zu zwei Drittel ihrer Länge zurück und binden sie die neu entstehenden Triebe gut verteilt am Klettergerüst an.

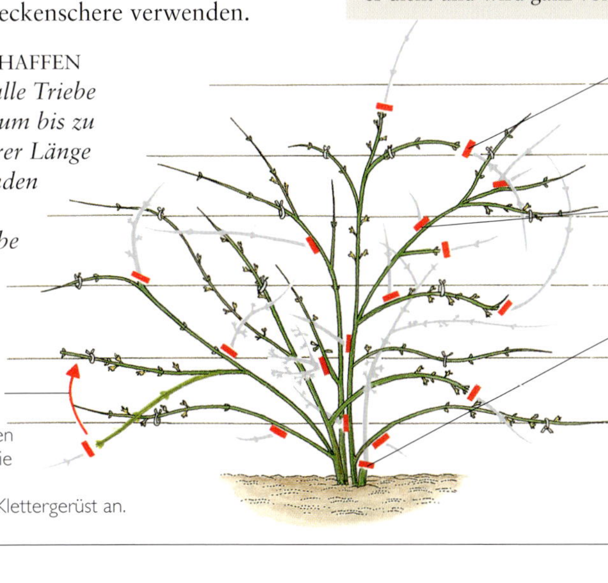

CLEMATIS SCHNEIDEN

DER RICHTIGE SCHNITT VON CLEMATIS SCHEINT VERWIRREND. Alle *Clematis*-Sorten gehören zu einer von drei Gruppen, je nach Blütezeit und je nach Alter des Holzes, an dem die Blüten entstehen. Der Pflanzschnitt ist für alle gleich; schneiden Sie auf weiter unten liegende Knospen zurück oder knipsen sie die jungen Triebspitzen beim Pflanzen ab. Sorgen Sie für eine Kletterhilfe in Form von Draht oder Klettergerüsten und binden Sie die jungen Triebe vorsichtig daran an; sie brechen leicht.

GRUPPE 1

Die Pflanzen dieser Gruppe blühen zwischen dem späten Winter und frühen Frühjahr am vorjährigen Holz. Sie sind meist robust und kräftig. Man verwendet sie oft, um Mauern, Gebäude oder große Bäume zu begrünen. Sie werden direkt nach der Blüte geschnitten. Haben sie sich einmal gut entwickelt, müssen sie nur geschnitten werden, wenn sie zu stark wuchern. Schneiden Sie überlange Triebe auf ein Paar gesunder Knospen zurück. Entfernen Sie durch Frost beschädigte Triebe erst, wenn die Gefahr von Frost vorüber ist. Alte, zu dichte Pflanzen können ausgelichtet werden. Wenn sie komplett verjüngt werden müssen, kann man alle Triebe bis zur Basis zurückschneiden.

SCHNITTGRUPPEN

Gruppe 1: *C. alpina* und Sorten, *C. armandii*, *C. cirrhosa*, *C. macropetala* und Sorten, *C. montana* und Sorten

Gruppe 2: 'Barbara Dibley', 'Barbara Jackman', 'Belle of Woking', 'Carnaby', 'Daniel Deronda', 'Duchess of Edingburgh', 'General Sikorski', 'H. F. Young', 'Lasurstern', 'Nelly Moser', 'Niobe', 'Proteus', 'Richard Pennell', 'The President', 'Vyvyan Pennell', 'W. E. Gladstone', 'William Kennett'

Gruppe 3: 'Abundance', 'Bill MacKenzie', 'Etoile Violette', 'Graveteye Beauty', 'Mme Julia de Correvon', *C. orientalis*, 'Polish Spirit', *C. rehderiana*, *C. tangutica*, *C. tibetana*, *C. viticella*

Clematis 'Gipsy Queen', 'Hagley Hybrid' und 'Jackmanii' wie Gruppe 2 oder 3.

SCHNITT VON GRUPPE 1
Braucht nur minimalen Schnitt. Sofort nach der Blüte schneidet man überlange Triebe zurück und lichtet zu dichten Wuchs aus.

Gruppe 2

Hierher gehören die großblütigen Hybriden, die im späten Frühjahr oder frühen Sommer am vorjährigen Holz und später im Sommer am diesjährigen Holz erneut blühen. Sie werden in der Ruheperiode geschnitten, im späten Winter oder zeitigen Frühjahr, bevor sie austreiben. Sie können gestaffelt zurückschneiden, indem Sie einige Triebe später als andere schneiden, um die Blüte zu verlängern. Oder man kürzt sie wie in Gruppe 1 alle drei oder vier Jahre bis auf die Basis und erhält eine späte Blüte.

DAS ETIKETT

Wenn Sie eine neue *Clematis* kaufen, steht im besten Fall auf dem Etikett die Blütezeit und eventuell Tipps für den richtigen Schnittzeitpunkt und die –methode. Bewahren Sie das Etikett auf.

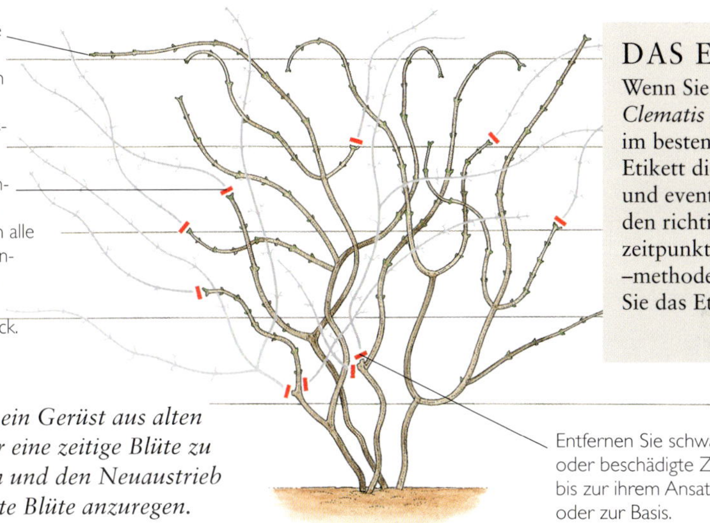

GRUPPE 2
Ziel ist es, ein Gerüst aus alten Trieben für eine zeitige Blüte zu bekommen und den Neuaustrieb für die späte Blüte anzuregen.

Gruppe 3

Spät blühende Arten und Sorten blühen spät im Sommer und Herbst am diesjährigen Holz. Sie bilden jedes Jahr an der Basis neue Triebe, deshalb schneidet man sie im späten Winter oder zeitigen Frühjahr stark zurück, bevor die Knospen austreiben. Dadurch sind sie sehr nützlich und leicht zu handhaben, wenn sie an anderen Pflanzen wachsen, um die Saison ihrer Wirtspflanze nach Wunsch zu verlängern. Älteren Pflanzen tut ein starker alljährlicher Rückschnitt gut; ohne ihn nehmen Kraft und Blütenfülle ab.

STARKER SCHNITT
Schneiden Sie alle vorjährigen Triebe direkt über den Knospen auf ein Paar kräftige Knospen zurück.

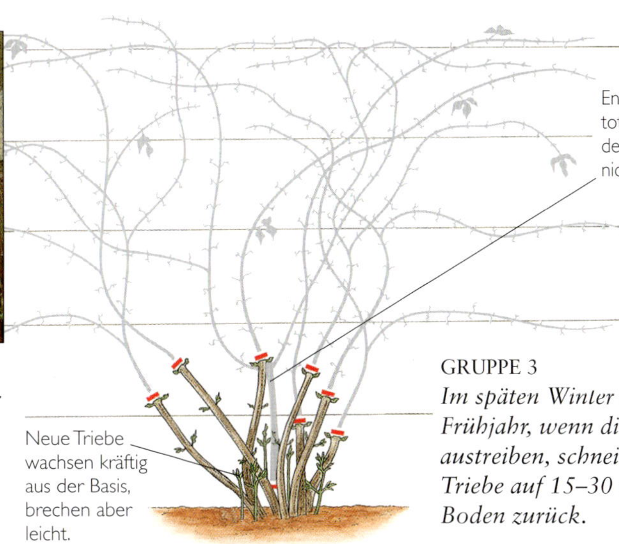

GRUPPE 3
Im späten Winter oder zeitigen Frühjahr, wenn die Knospen austreiben, schneidet man alle Triebe auf 15–30 cm über dem Boden zurück.

BLAUREGEN (*WISTERIA*)

EINE WISTERIA IN VOLLER BLÜTE ist im Frühjahr und zeitigen Sommer eine Pracht, aber bei falschem oder ungenügendem Schnitt bildet sie ein Wirrwarr von Zweigen mit nur wenigen Blüten. Blauregen blüht aus einer Gruppe von Knospen der Seitentriebe, die aus dem alten Holz austreiben. Der Schnitt erfolgt zweimal im Jahr, im Winter und im Sommer, etwa zwei Monate nach der Blüte. Man braucht zwei Jahre oder länger, bis ein richtiges Spalier entsteht.

1. JAHR

Bringen Sie ein Grundgerüst aus starken Drähten an, den niedrigsten 45 cm hoch über dem Boden, die übrigen 30 cm entfernt. Treibt der Haupttrieb aus, binden Sie ihn senkrecht fest. Wählen Sie zwei kräftige Seitentriebe aus, und binden Sie sie in einem 45°-Winkel an.

PFLANZSCHNITT
Schneiden Sie den Haupttrieb auf 75 cm über dem obersten Seitentrieb zurück; aber nicht unterhalb der Veredelungsstelle.

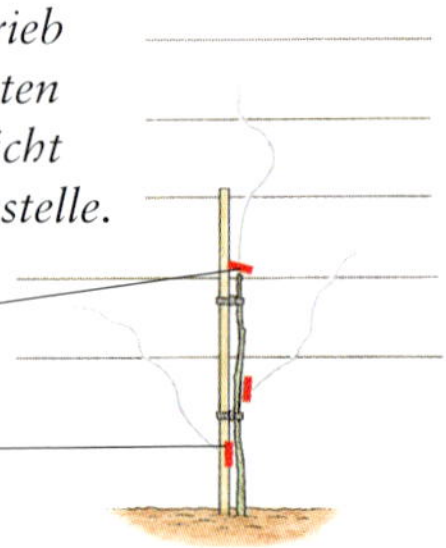

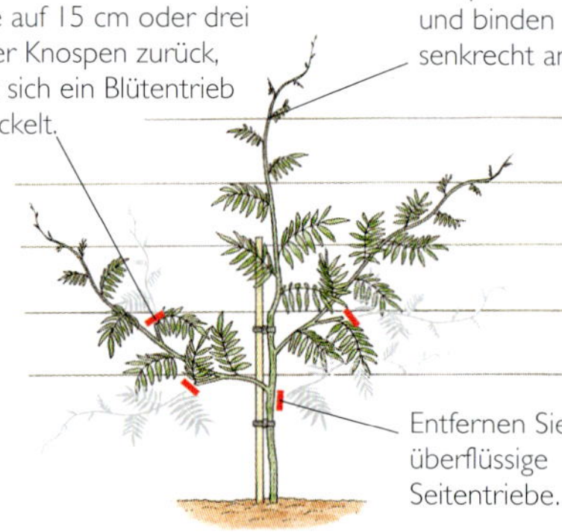

SOMMERSCHNITT, 1. JAHR
Ziel ist es, einen kräftigen Rahmen zu formen und die Bildung blühender Seitentriebe zu fördern.

2. JAHR

Schneiden Sie systematisch im Sommer und im Winter, um das Wachstum der Haupttriebe nach oben weiter anzuregen und noch mehr Reihen von Ästen zu bekommen, die später im Jahr blühen.

WINTERSCHNITT, 2. JAHR
Schneiden Sei den Haupttrieb auf 75 cm über dem obersten Seitentrieb zurück und binden Sie die Seitentriebe der letzten Saison waagerecht an.

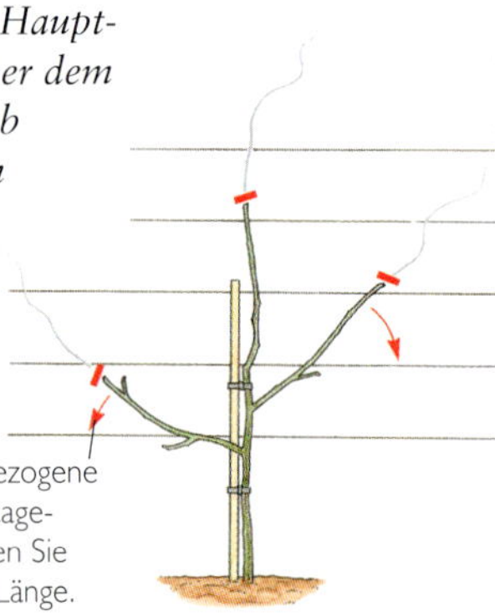

SOMMERSCHNITT, 2. JAHR
Fahren Sie fort, Reihen von Seitenästen zu ziehen, und kürzen Sie daraus entspringende Seitenäste oder Blütentriebe auf drei bis vier Knospen ein.

3. Jahr, Winter

Fahren Sie mit dem Schneiden fort, um mehr Reihen von Seitentrieben zu bekommen. In jedem Winter schneidet man den Haupttrieb um 75 cm über dem obersten Seitentrieb zurück, biegt die Seitentriebe der vorhergehenden Saison in die Waagerechte und kürzt sie um etwa ein Drittel ein. Prüfen Sie die Schlaufen und lockern Sie alle, die einschnüren.

WIE MAN DIE BESTEN BLÜTEN BEKOMMT

- Wisterien brauchen sieben Jahre oder länger, um gut zu blühen. Haben Sie Geduld.
- Wählen Sie Pflanzen mit Sortenbezeichnung.
- Wisterien auf stickstoffreichem Boden produzieren viele Blätter auf Kosten der Blüten.

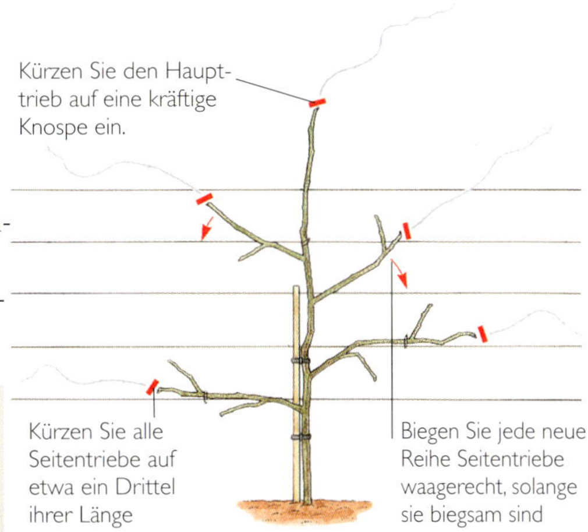

WINTERSCHNITT IM 3. JAHR
Fahren Sie fort, ein kräftiges Grundgerüst zu formen, indem Sie den Haupttrieb und die Seitentriebe bis ins gut ausgereifte Herz zurückschneiden .

Der Schnitt alter Wisterien

Wisterien sind langlebige Pflanzen, die bei rechtzeitiger Erziehung über Jahrzehnte üppig blühen. Sie müssen nur selten verjüngt werden, doch wenn, dann am besten in Schritten über mehrere Jahre hinweg. Entfernen Sie nur einen Haupt-Seitentrieb im Winter und ziehen Sie einen Ersatztrieb heran. Muss die Mauer renoviert werden, kann die Pflanze bis zur Basis zurückgeschnitten werden. Sie wird schnell nachwachsen und die Erziehung kann von vorne beginnen. Nach einigen Jahren blüht die Pflanze wieder.

FORTGESCHRITTENER SCHNITT
Bei ausgewachsenen Pflanzen sorgt ein Rückschnitt im Sommer und im Winter für eine reiche Blüte und bremst zu starken Wuchs.

Register

A
Absterben 11
Acer davidii 25
pseudoplatanus 'Brillian-tissimum' 6
Anbinden
Bäume 26
Kletterpflanzen 69
Apikaldominanz brechen 10
Äste
Astring 11, 14, 15
nach außen gebogene 33
Astschere 16, 17
Aucuba 45
Ausbrechen 9
Auslichten 29
Ausrüstung 16–17
Bäume 18–33
ältere pflegen 28–29
anbinden 26
erziehen 20, 22–25
junge Bäume pflegen 26–27
Kappen und Entwipfeln 30–31
kaufen 20–21
Kletterpflanzen in Bäumen 65
mehrstämmige 25
schneiden 15
veredelte 21, 24, 28

B
Berberis darwinii 45
Birke 19, 21
Blätter
größere 9, 31
rückmutierte 39
Bleiglanz 19
Bluten 19, 25, 32
Blütenbildung anregen 8, 9, 11
siehe auch Verblühtes entfernen
Blütentriebe 9
Bögen, Kletterpflanzen für 65
Buchs 48, 49
Buddleja 39
davidii 42
'Lochinch' 35
Buxus 49
sempervirens 48

C
Camellia 36, 45
Ceanothus 37
Celtis australis 25
Chaenomeles 9
Clematis 66, 67, 74–75
montana 70
'Nelly Moser' 7
Clerodendrum bungei 42
Containerpflanzen 21, 36, 56
Cornus alternifolia 22
Cornus capitata 22
Crataegus 51

D
Daphne 40
Düngen 13

E
Efeu 67
Eibe 52, 53
Entwipfeln 30–31
Erziehung
Bäume 20, 22–25
Kletterpflanzen 69
Rosen 62
Sträucher an Mauern 72
Eucalyptus gunnii 31
Eucryphia 22

F
Flieder 47
Formschnitt 40, 48–49, 50
Forsythia 37
Frostschäden 8, 45
Früchte 8

G
Geißblatt 13, 67
Glockenheide 43

H
Hamamelis 38, 40
Handscheren 50
Handschuhe 16
Hartriegel 30
Haselnuss 31
Hecken 50–53
formale 51
vernachlässigte 52–53
Heckenscheren 16, 50, 60, 72
Hippe 16, 17
Hochstamm 23
mit Rundkrone 24
Rosen- 56
zentraler 23
Hochstämmchen 12
mit hängenden Trieben 24, 26
mit Krone 24
Holz
beschädigtes bei Rosen 57
krankes 8, 11
totes 8
totes bei Kletterpflanzen 70
totes bei Koniferen 33
totes bei Rosen 57
Hormone 10
Hydrangea 44
arborescens 44
macrophylla 44
paniculata 44
'Floribunda' 34

I
Ilex 22
Immergrüne 22
Sträucher 37, 45
Formschnitt 40
Hecken 52
niedrige 43

Probleme mit 32–33
Schnitttermin 12
Topiary 48–49
verjüngen 47

J

Jasmin 70, 73,
Jasminum nudiflorum 73

K

Kallus 11, 15
Kappen 30, 31
Kerria japonica 41
Kirschbäume 19
Kletterpflanzen 66–77
an Pfeilern 64
anbinden 69
auswählen 68
Erziehung 69
Rankhilfen für 64–65
schneiden 70–71
Kletterrosen 62–65
Knospen
Apikaldominanz 10
gegenständige 14
Rosen 56
Stellung der 14
wechselständige 14
Koniferen 22
Hecken 52, 53
Probleme mit 32–33
Rückmutationen 39
Verschlanken 29
Kugelbäumchen 49

L

Laub, panaschiertes, Rückmutationen 39
Laurus nobilis 48, 49
Lavendel 43, 46
Leittriebe 23
bei Koniferen 32
Probleme 32
Ligustrum 51
Lonicera japonica 134
nitida 51
'Baggesen's Gold' 13
Lorbeer 48, 49, 50

M

Malus baccata 22
Messer 16, 17
Mulchen 13

N

Narbengewebe 11, 15

P

Passionsblume 64
Pergola 64, 66
Perovskia 42
Pflanzen
mediterrane 43
wurzelnackte 21, 56, 56
Pflanzschnitt 37, 58
Philadelphus 46
Phygelius 42
Pilzkrankheiten 8, 14, 15, 62
Platanen 30
Platanus 30
Populus x *jackii* 'Aurora' 18
Prunus laurocerasus 45
Pyracantha 8, 73
Pyramiden für Kletterpflanzen 65

R

Rhododendron 38, 45, 47
Ribes 46
Robinia pseudoacacia 'Frisia' 19
Rosen 7, 11, 54–65
Alte Rosen 61
auswählen 56
Bodendeckerrosen 59
Floribundarosen 55, 57, 58
Kletterrosen 62–65
Miniaturrosen 59
moderne Beetrosen 58–59
moderne Strauchrosen 60
Patiorosen 59
Ramblerrosen 62–63
Routinearbeiten 56–57
Teehybriden 55, 57, 58
Rosmarinus officinalis 67
Rotpustelpilz 8
Rückmutation 39

S

Saftstrom 19
Sägen 16, 17
Santolina 46
Schablone für Heckenschnitt 51
Scheinbeere 45
Scheren 16, 17, 50
Schneebruch 33, 45
Schneiden 14, 15
Schnitt, leichter 12
starker 9, 12, 31
Wundheilung 11, 14, 15
Schnitttermin
Bäume 19
Immergrüne 12
Kletterpflanzen 71
Rosen 55
Schutzbrille 16
Seitentriebe
Einkürzen 9
Leittrieb ersetzen 27
Rosen erziehen 62
Sträucher an Mauern 72
waagerecht ziehen 8, 11
Sicherheit 15
Solenostemon 9, 10
Spindelkrone 22
Stämme, Absterben von 11
Entwipfeln 30–31
farbige 30
Stechpalme 22, 50
Sträucher 34–53
an Mauern 67, 72–73
Formschnitt 40
früh blühende 41
Immergrüne 45
kaufen 36–37
mit Bodentrieben 41
Routinearbeiten 38–39
spät blühende 42
Topiary 48–49
veredelte 36
verjüngen 46–47
vernachlässigte 46
Stützen
Bäume anbinden 26
Kletterpflanzen 64–65, 69
Sträucher an Mauern 72
Syringa 47

T

Taxus baccata 53
Teleskopschere 16
Thuja 51
Topiary 9, 48–49
Triebe, beschädigte 8
Triebspitzen kappen 9

V

Verblühtes entfernen
  bei Kletterpflanzen 70
  bei Rosen 57
  bei Sträuchern 37, 38–39
Verjüngung
  Hecken 52–53
  Kletterpflanzen 71
  Sträucher 46–47
Verzweigung auslösen 10

W

Wachstum, buschiges 10
Walnuss 19
Wassertriebe 29
Weiden 30, 31
Weißdorn 50
Werkzeuge 14, 16–17, 50
  elektrische 17, 50
Wildtriebe
  Bäume 25, 28
  Rosen 57
  Sträucher 38
Windbruch 33, 45
Winterjasmin 73
Wisteria 66, 76–77
Wuchs, ungleichmäßiger 28
Wunden 10
  bluten 19, 25, 32
  heilen 11, 14, 15
  Narbengewebe 11, 15
Wundverschlussmittel 15
Wurzeln
  Bäume 36, 37
  Kletterpflanzen 68
  Sträucher 36, 37

Z

Zierbäume 18–33
Ziersträucher 34–53

Dank

Bildrecherche Samantha Nunn

DK Picture Library Richard Dabb, Hayley Smith

Register Hilary Bird

Dorling Kindersley möchte folgenden Personen und Institutionen danken: allen Mitarbeitern der Royal Horticultural Society, insbesondere Barbara Haynes, Simon Maughan und Susanne Mitchell; Dean Peckett, Senior Supervisor im Floral Departement im RHS Garden, Wisley.

Die Royal Horticultural Society
Wenn Sie mehr über die Arbeit der britischen Gesellschaft für Gartenbau erfahren wollen, besuchen Sie die Homepage unter **www. rhs.org.uk**. Sie enthält Infos über neuste Veranstaltungen in Großbritannien, eine Datenbank, internationale Pflanzenregister, Forschungsergebnisse und Einzelheiten über den Betritt zur RHS.

Fotos
Der Herausgeber möchte folgenden Personen und Institutionen für ihre freundliche Genehmigung zur Wiedergabe ihres Bildmaterials danken:
(Schlüssel: u = unten, M = Mitte, r = rechts)

2: Photos Horticultural; **4:** Photos Horticultural (uM); **5:** Photos Horticultural (uM); **6:** Eric Crichton Photos; **7:** Clive Nichols; **8:** Photos Horticultural (ur); **18:** Eric Crichton Photos; **19:** Harry Smith Collection; **35:** Photos Horticultural; **54:** Harry Smith Collecion; **55:** Photos Horticultural; **66:** Photos Horticultural; **67:** Photos Horticultural.

Alle anderen Bilder © Dorling Kindersley.
www.dkimages.com